BIBLIOTHÈQUE
CHRETIENNE ET MORALE,

APPROUVÉE PAR

MONSEIGNEUR L'EVÊQUE DE LIMOGES.

LES APENNINS

ET LA MER ADRIATIQUE.

LES APENNINS

ET

LA MER ADRIATIQUE

PAR

V. FRÉVILLE.

LIMOGES

BARBOU FRÈRES, IMPRIMEURS-LIBRAIRES.

A MADAME LA COMTESSE GIOVANNINA CACCIA, A TURIN.

Dithyrambe en l'honneur de l'Italie. — Un esprit frappeur. — Plan de Campagne. — Apparition nocturne. — Un drame dans une malle-poste. — *Arqua* et les souvenirs de Pétrarque. — *Rovigo*. — Le réveil de la nature et d'un couple intéressant. — Passage du Pô. — Les États du Pape. — Imbroglio. — Un Voyageur à la recherche de Turin. — Où figurent un Épicier et un Boulanger. — Les Aventures d'Antony Travers. — Le Pô et ses digues. — Récit d'un Savant. — *Forum Alliensi*. — Origine de Ferrare. — La Famille des Adelards. — Les Salinguerra. — L'Amazone Marchesella. — *Este*. — La Maison d'Este. — Comment le vieux Guillaume retrouve sa fille dans une tourelle. — Où les d'Este deviennent Seigneurs et Maîtres. — La gente Parisina et le bel Hugo. — Hercule d'Este. — La douce Béatrice et le féroce Ludovic. — Où se montre Lucrèce Borgia. — Alphonse II et sa cour. — Le Tasse et Léonore. — FERRARE. — Tableau de la ville. — Ses monuments. — Le Castello. — Ses souvenirs dramatiques. — Le Duomo. — Le Jugement dernier. — Visions fantastiques et pourtant réelles. — La Maison de l'Arioste. — Son Tombeau. — La Prison du Tasse. — Anecdotes. — Comment un grand homme devient mendiant. — Les embarras de voyageurs mal avisés. — Signalement de Robert Guiscard et de la douce Zélida.

Ferrare, 29 septembre 185...

MADAME LA COMTESSE,

Ce n'est plus du sein des brumes parisiennes, comme l'hiver dernier, mais bien du centre des flots d'or dont nous inonde votre soleil d'Italie, que nous vous saluons à cette heure. Il ne nous a pas été possible de franchir la haute chaîne des Alpes qui sépare nos deux pays, sans porter aussitôt nos regards sur votre vaste horizon de Turin, pour redire à l'envi toutes les bontés dont, l'an passé, nous avons été l'objet de votre part et de celle de votre famille. Aussi nous sommes-nous bien promis de vous écrire en traversant le Pô, dont les eaux baignent votre résidence, afin de rendre notre lettre la messagère des hommages de nos cœurs, alors que nous serions à peu près sous une même latitude.

Que vous êtes heureuse, madame la Comtesse, de vivre sous ce beau ciel ! Nous l'apprécions plus que jamais, car nous quittons une ville dont l'image et les charmes restent pour toujours fixés dans nos souvenirs. La seule chose qui lui manque, hélas ! et je la lui souhaite de toute mon âme, c'est la liberté ! Pauvre Venise, comme le joug de l'Autriche pèse cruellement sur elle ! Pour avoir été si grande autrefois, aujourd'hui combien n'est-elle pas humiliée !

A notre passage à Turin, vous vous intéressiez d'une façon si aimable à notre voyage, madame, que c'est un devoir pour nous, en même temps qu'un bonheur, de vous signaler quelques-unes des circonstances de notre seconde excursion dans vos contrées. Depuis deux jours, comme pour nous consoler de notre départ de Venise, notre voyage nous offre un agrément nouveau. A l'embarcadère de Venise, M. Valmer avait remarqué un voyageur, Espagnol quant à la physionomie, Français quant à la désinvolture et aux manières, qui nous observait du coin de l'œil. Nous partons. A Padoue, plus de chemin de fer, pour Ferrare du moins. Mais, pour le remplacer, malle-poste dont à l'avance les premières places nous sont réservées. Or, le départ étant fixé à neuf heures du soir, nous étions campés au café Pédrocchi, prenant de ces délicieux sorbets que vous savez, lorsque j'avise le susdit voyageur, dont m'avait parlé l'ami Valmer, qui rôde autour de nous et vient s'asseoir à la table la plus voisine de la nôtre. La conversation s'engage facilement entre touristes. Voici que, brusquant l'entretien, notre inconnu nous dit à brûle-pourpoint :

— Savez-vous bien que je vous connais, mes beaux masques, et, si vous ne tenez pas à l'incognito, je vais articuler vos noms. Instruit par un esprit frappeur que j'ai à mes ordres, je vous dirai qu'il y a deux ans, vous avez poussé une pointe en Espagne, parcouru les Pyrénées, fait l'ascension du Pic du Midi, où monsieur, monsieur Valmer?... — et ici le narrateur salua en souriant, — a laissé sur le registre des voyageurs un sonnet imprégné de quelque colère contre le mauvais temps, et monsieur, monsieur Émile?... et le quidam me salua à mon tour, — a tracé, d'une main satisfaite, une prose empreinte d'une verve gastronomique qui lui fait honneur ; et, qu'enfin votre voyage se termina par un séjour à Toulouse, une station à Bordeaux, et par la grande fête des courses de taureaux, à Bayonne...

— Permettez-moi de vous demander, monsieur le charmeur, dis-je à notre interlocuteur, si vous serez aussi habile à deviner l'avenir qu'à rappeler le passé? Puisque vous savez si bien où nous ont poussés, il y a deux ans, nos fantaisies excursionnistes, pourriez-vous me dire sur quel point de l'Italie nous nous rendons à cette heure?

— Bagatelle! fit l'étranger. Vous allez à Ferrare. Vous descendrez ensuite à Bologne. Après quoi, vous visiterez Ravenne, Rimini, Ancône, Lorette, etc., et enfin, en traversant les Apennins, vous vous rendrez à Florence... Est-ce bien cela?

— Vous êtes donc M. Humes? dit le bon Valmer.

— Non, monsieur, répondit en souriant notre Cagliostro : je suis tout simplement Ch. d'Alm..., de race espagnole, mais enfant de la France, professeur à Paris, et, comme vous, je voyage pour mon agrément. Il y a deux ans, j'arrivais au Pic du Midi, au moment même où vous le quittiez ; j'ai eu le temps de vous entrevoir. Madame votre mère était avec vous alors. Une fois à la table de la cabane, j'ai eu la fleur de vos vers et de votre prose, messieurs : ce fut même mon unique dessert. De ce moment, vos physionomies sont restées là, dans ma tête..A Venise, ce matin, je vous ai reconnus, et tout à l'heure, au bureau de poste, lorsque je me faisais inscrire pour la troisième place de la malle, à la destination de Ferrare, j'ai appris du directeur, auquel vous en aviez dit quelques mots, quel était votre itinéraire. Voilà tout le sortilège, et mon mesmérisme se borne à ces circonstances fort naturelles. Maintenant je me félicite de vous avoir pour compagnons de voyage, au moins jusqu'à Bologne, et j'ai à vous demander d'excuser l'empressement que j'ai mis à faire votre connaissance.

En vérité, M. d'Alm... était trop aimable pour ne pas lui tendre aussitôt la main. Nous le faisons, en nous applaudissant de voyager avec lui. Sonne bientôt l'heure du départ. En un clin d'œil nous sommes à la poste qui est proche du café Pédrocchi. Les chevaux, à la voiture déjà, piaffent d'impatience. La malle-poste n'est autre chose qu'une calèche couverte qui peut contenir six voyageurs. Nous nous installons, comme de droit, dans les coins, tout en exprimant le vœu que les autres places ne soient pas occupées. Nos bagages sont chargés : le postillon est en selle et le conducteur sur son siège. Cependant on attend. Hélas ! voici d'autres voyageurs : nous croyons même reconnaître un accent normand.

— Il serait curieux, m'écriai-je, qu'en Itane, la voiture ne contînt que des Français !

A peine ai-je parlé, qu'une tête énorme, offrant en saillie un nez de guenon à travers un épais fourré de poils roux, décorée d'yeux enfouis dans de sombres orbites, surmontant un tout petit corps grêle, se glisse par la portière et, à l'aide d'une lanterne, qui rend plus effrayante cette apparition, fait l'examen de la voiture.

— Monsieur, monsieur, dit la grosse tête, en appelant le conducteur, j'ai retenu les meilleures places pour ma dame et pour moi : j'ai lieu de m'étonner de les trouver occupées.

On explique au survenant qu'il a retenu les meilleures places, mais les meilleures places des trois qui restaient, c'est-à-dire un coin et un milieu. Notre homme se met en colère. Mais, bon gré mal gré, un coin pour madame et un milieu, deux milieux même pour lui, sont à sa disposition. Aussi, après avoir bien tempêté, le voyageur se résigne à faire monter sa chère moitié. Apparition d'une jeune femme frêle, délicate, un peu fanée, mais abritant les ondes de sa chevelure et la fatigue de ses traits, sous un de ces chapeaux mousquetaires que vous connaissez, madame. Elle prend place dans le quatrième coin, en face de M. Valmer.

Des paroles violentes tremblent derrière les moustaches de l'homme roux. Il regarde mon ami d'un œil fauve, d'où jaillit un éclair ; puis s'adressant à sa compagne, il lui dit, d'un ton doucereux :

— Zélida, résigne-toi, mon enfant, prends cette place. Voyons, du courage, peut-être ne souffriras-tu pas...

— Si vous désirez ma place, madame, je serai fort heureux de vous l'offrir... s'empresse de dire M. Valmer, toujours obligeant.

— Qui êtes-vous, monsieur? répond brusquement le vilain homme. Pour accepter de laisser ma femme mettre en face de vous, encore faut-il que je sache qui vous êtes.

— Je ne comprends pas votre raisonnement, monsieur, dit placidement M. Valmer. Dans ce coin, ou dans cet autre, je me trouve toujours avoir madame pour vis-à-vis... Que prétendez-vous donc faire, monsieur?

— Occuper moi-même l'autre coin et faire face à ma femme, qui prendra votre place... ajouta le Normand.

— Vous avez une façon de demander les choses, monsieur, qui fait que l'on vous répond : Non ! non ! mille fois non ! Madame à ma place, moi, à la sienne... C'est à prendre ou à laisser !... riposte énergiquement M. Valmer.

— Puisque vous êtes assez bon pour faire échange avec moi, monsieur, répond à son tour la jeune femme, j'accepte avec reconnaissance. Restez calme, Antony, et mettez-vous à mes côtés, mon bon trésor... ajoute-t-elle d'un air de séduction qui modère difficilement le nouveau Robert Guiscard.

L'échange s'est fait, et messire Antony de grommeler sous les broussailles de sa barbe. Mais enfin la voiture s'ébranle et nous partons. Après cette scène, tout chacun s'observe lorsqu'il nous arrive de Padoue, dans l'intérieur de notre calèche, un généreux rayon de lumière. Bientôt nous laissons la ville derrière nous.

Alors nous traversons la plaine qui longe la mer Adriatique, qu'arrose l'Adige, et que rend distincte un clair de lune argenté permettant de voir les paysages que l'on traverse nager dans une douce transparence. C'est d'abord la jolie bourgade de *Battaglia*, assise sur les bords d'un canal ; c'est ensuite le village d'*Este*, qui donna son nom aux illustres seigneurs de Ferrare et de Modène. A droite et à gauche, on aperçoit les faces blanches de nombreuses villas, capitonnant la verdure des coteaux et que la nuit fait ressembler à des groupes de fantômes dansant sur les bruyères.

Après la petite ville de *Monselice*, à droite, au nord de la route, se montre *Arqua*, village pittoresque, dont l'aspect romantique séduisit *Pétrarque* dans ses derniers jours, et pour lequel le poète quitta la résidence que Venise lui avait généreusement offerte. On y montre encore la modeste maison qu'y habitait cet illustre ami de Laure de Noves, et la chambre dans laquelle, un jour, on le trouva mort, au moment où il s'y était retiré pour prier, parmi ses livres éparpillés autour de lui. On y voit aussi le tombeau qu'on dressa en face de la maison de Dieu à cette grande lumière des hommes. A cette heure, de pauvres paysans occupent la demeure qui le vit s'éteindre ; et aux pèlerins qu'attire la renommée de Pétrarque, et qui viennent y visiter son dernier séjour, ils exhibent, moyennant finances, le vieux fauteuil, l'antique encrier et la chatte blanche empaillée, mais peu authentique, de celui qui charme encore le monde par la beauté, la grâce et la richesses de ses *Sonnets*.

Tous mes compagnons, y compris notre farouche personnage et la tendre Zélida, dorment du meilleur cœur, quand nous traversons l'Adige. Nous avons alors à notre gauche, sur la côte de l'Adriatique, la ville de *Chioggia*, et, plus près, dans les terres, celle d'*Adria*, qui donne son nom à la mer, dont cependant elle est éloignée de quelques milles.

Nous sommes bientôt après à *Rovigo*. De cette ville, je ne puis rien dire, sinon que ses maisons, vaguement ébauchées dans l'ombre, m'ont paru fort laides, et que, sur une assez grande place, j'ai reconnu, comme à

Véronne, comme dans toutes les villes des Etats Vénitiens, une haute colonne qu'a dû surmonter jadis le Lion de Saint-Marc, symbole de la suzeraineté de Venise. Par exemple, un rayon de lune m'a permis de mieux voir le palais du Podestat, à présent le Palazzo della Ragione sans doute, qui décore cette même place. Mais ce n'est pas un monument fameux, et Rovigo n'est pas une merveille, quoiqu'elle ait donné son titre à l'un de nos fameux maréchaux de France, *René Savary*, qui suivit Napoléon Ier jusque sur le *Bellérophon*.

En quittant Rovigo, la route descend sensiblement. Aussi nos chevaux frais vont d'un si grand train, que nous voyageons comme les dieux de l'Olympe, entourés de nuages; seulement ces nuages ne sont, hélas! qu'une très-incommode poussière, qui remplace la poudre d'Iris sur le pâle visage de Zélida. Au point du jour, par une belle échappée de terrain, je découvre, au pied de gracieuses collines, un long ruban d'or qui festonne une plaine immense et très-accidentée. En un clin-d'œil, nous arrivons sur les rives de ce fleuve. C'est le Pô. Il s'agit de le passer sur un bac.

Nos dormeurs de se réveiller au mouvement qui se fait autour de notre véhicule. Zélida, la première, ouvre un œil, puis un second, et cherche d'un certain air d'inquiétude le visage de son tendre époux. Le tendre époux dort sous la chaude fourrure de ses sourcils et de sa barbe, ou, peut-être bien, ne dort-il pas, si j'en crois certains mouvements obliques de l'orbite oculaire, passablement machiavéliques et inquisiteurs... Quoiqu'il en soit, Zélida rétablit bien vite l'ordre dans sa toilette : elle essuie la poussière qui la soupoudre, rappelle sur sa poitrine et ses épaules les plis de sa mantille, rend l'harmonie aux tresses de sa chevelure blonde, se place sur la tête le chapeau mousquetaire que le sommeil lui a fait quitter, et, forte de tous ses avantages, se met au grand jour de la portière pour respirer l'air frais du matin.

— *Fa fresco...* lui dis-je, pour essayer d'entrer en matière.

Mais elle ne répond pas, hélas!

Cependant le bon Valmer se détire dans son coin. M. Ch. d'Alm... admire les beautés du paysage, et enfin, Antony, jusqu'alors penché sur Zélida, comme la tour de Pise, reprend la perpendiculaire. C'est le moment de se regarder, le soleil se lève. Antony, normand des plus vulgaires, type du marchand de rouenneries ou de l'épicier, se trouve satisfait de nos physionomies; car, laissant tomber sa grimace, il pousse la condescendance jusqu'à nous saluer d'un sourire bénin; mais à M. Valmer, le vis-à-vis de Zélida, c'est la main qu'il tend, en lui disant de sa laide face de Kalmouck :

— En vérité, mon bon Monsieur, je ne savais pas avoir affaire à un aussi honnête et digne homme !

— Mille fois merci ! se contente de répondre M. Valmer.

— Nous sommes en très-bonne compagnie, Zélida, je vois cela tout de suite... ajoute-t-il.

— Malheureusement vous le voyez un peu tard... riposte M. d'Alm...

En ce moment, on passait le fleuve. Cela se fait très-commodément, sur de petits ponts volants qui aboutissent, de côté et d'autre du rivage, à des estrades, par le moyen desquelles on place les voitures sur le pont d'un bateau. Ce bateau est garni d'anneaux dans lesquels se trouve une corde fortement tendue d'une rive à l'autre. Alors on le fait couler tout le long de la corde, et vous atteignez ainsi l'autre estrade, d'où vous gravissez le rivage, et vous voilà dans le village de *Potesella*, appartenant à la *Légation de Ferrare*, car le Pô sert de limite aux Etats Vénitiens. Une fois à Potesella, visite des bagages, examen des passe-ports, toutes choses qui se font vivement, avec ordre, sans vexation aucune, sauf l'ennui qui en résulte. On roule aussitôt vers Ferrare, au milieu d'un pays plat, plus riche que pittoresque.

— Nous voici donc sur les Etats du Pape... dit M. Valmer.

— Et, conséquemment, nous serons bientôt en Piémont... fait Antony.

— Quel bonheur ! ajouta Zélida. Comme je serai heureuse de voir le Saint-Père !...

— Vous allez donc à Rome, madame ? osé-je demander.

— Non, Monsieur, répond Antony, nous allons à Turin.

— Mais puisque nous voici dans les Etats du Pape... dit Zélida, nous pourrons bien le voir en passant, le Pape ?...

Ne comprenant rien à ce langage, nous nous regardons avec étonnement, mes compagnons de voyage et moi. Mais M. Valmer, qui veut toujours avoir la raison des choses, insiste et dit alors :

— Madame et monsieur, nous n'allons pas à Turin, nous lui tournons même le flanc, sinon le dos. Quant au Saint-Père, nous entrons bien dans une légation qui relève du Saint-Siège, mais on n'y trouve nullement le Pape. Sa Sainteté ne réside ni à Ferrare, ni à Bologne, mais à Rome.

— Eh bien ! mon ami, allons à Rome... fait Zélida en minaudant d'une façon charmante.

— A Rome ! à Rome ! c'est bien aisé à dire, ma toute belle ; mais c'est Turin, la plus belle ville d'Italie, que je désire connaître, moi : je sais mon affaire, et franchement je croyais aller à Turin.

— Vous vous êtes considérablement égaré, monsieur... reprend très sérieusement M. d'Alm...

— C'est étrange! Décidément le boulanger m'a trompé... dit Antony, comme s'il se parlait à lui-même.

Puis, en fixant sur nous un regard atône, le Normand continue :

— C'est une drôle d'histoire, que celle de notre voyage, messieurs. Figurez-vous qu'il y a... huit jours, jeudi dernier au fait, je dînais avec des amis à Rouen, car je demeure à B..., tout près de Rouen, où je suis manufacturier. On mange bien, on boit mieux encore, puis, après le café, ces messieurs auxquels je parlais d'un voyage que j'allais faire, me disent :

— A votre place, si j'allais à Sens, j'emmènerais ma femme, et je me donnerais le plaisir de faire un tour de France. Vous êtes riche, monsieur Travers, car je m'appelle Travers, Antony Travers, messieurs, et, coûte que coûte, je verrais le monde. Qu'est-ce que quinze jours d'absence?

Cette idée me monte au cerveau : elle fait aussi son chemin chez Zélida. J'avais la tête un peu échauffée, l'amour-propre s'en mêle, le convoi du chemin de fer allait partir, je fais le fier, et je dis à la société.

— Adieu, mes amis. Nous allons à Sens, mais de Sens nous prendrons le large, non pas pour la France, fi donc! mais pour l'Italie. Nous irons à Turin. C'est, dit-on, la plus belle ville du monde. Vive Turin! et au revoir, chers camarades :

En effet, nous sommes à Sens, où je termine rapidement mes affaires. Là, en me promenant dans la ville, j'avise une affiche verte avec de beaux caractères rouges, qui annonce un train direct du chemin de fer Victor-Emmanuel de Paris à Gênes et à Turin. C'était mon affaire. Nous partons par le premier convoi qui passe; mais, comme à Macon il y a changement de voitures, je me perds, et sans savoir comment cela se fait, j'arrive le soir même à Genève, au lieu de me trouver à Chambéry. Heureusement on nous parle de diligences qui franchissent le Simplon et portent leurs voyageurs jusqu'à Milan. On ajoute que de Milan à Turin, c'est une course à faire à cloche-pieds. Je me laisse persuader. Une fois à Milan, je ne comprends plus rien au parler des gens. Quand je me présente aux voitures, on me jette à la tête les noms les plus baroques : *Milano, Torino, Verona, Padova, Mantova, Venezia.* Je ne me retrouve plus dans tous ces *o* et ces *a.* Il advient donc que, poussé dans un berlingot, conduit par des postillons en habits verts à revers jaunes, que l'on prendrait d'autant mieux pour de gros perroquets qu'ils ont sur le feutre une houppe d'un étrange effet, je leur dis :

— Nous allons bien à Turin, n'est-ce pas, les amis?

Ils me répondent d'un grand sérieux :

— *Va bene, signor Francese, va bene !*

On part. Nous traversons une ville, deux villes, trois villes, et puis, quand on s'arrête, et lorsque je demande si nous sommes à Turin, les diables de perroquets me montrent un chemin de fer. Cela veut dire que Turin est au bout de cette voie ferrée ; du moins je m'explique ainsi cette pantomime. Nous nous embarquons donc sur terre, de jour : mais voilà que, de nuit, on nous débarque sur mer. Au lieu d'être à Turin, nous nous trouvons à Venise. C'était hier, cela.

— Repartons de suite, dis-je à Zélida : on ne nous fera pas voir Venise malgré nous : c'est Turin qu'il nous faut.

A Padoue, quand nous y entrons, hier soir, je demande partout quelqu'un qui sache le français,

— *Francese? Francese?* me dit-on.

— *Iu, ia...* que je leur réponds en italien, car enfin il faut parler italien comme eux : en *o* ou en *a*, c'est toujours de l'italien.

On me conduit chez un épicier qui est Français. Oh ! messieurs, vous ne devinerez jamais le plaisir que j'ai eu à lire, au-dessus de sa boutique, ces jolis mots : *Denrées Coloniales.* Il me semblait que je rentrais dans ma patrie. Malheureusement cet épicier français était sorti pour le quart-d'heure. Mais sa femme, une brave femme, parole d'honneur ! par galanterie pour des compatriotes de son mari, nous mène chez un boulanger qui a été mitron à Paris. Le pauvre homme se présente à nous avec son visage enfariné comme un Pierrot et me répond très-tristement:

— *Non capisco, Signor, non capisco !*

— Je ne vous parle pas de capisco, lui dis-je en articulant ces mots ; je vous demande de nous indiquer les voi-tu-res-de-Tu-rin, de Turin, Tu-rin !

— *Vetturino, Vetturino?* fait-il.

Je me rappelle que Turin se dit en italien *Torino*, et je lui dis :

— *Ia, ia*, autant que de la tête que de la voix.

— *Va bene, Signor, va bene !* s'écrie-t-il joyeusement alors, en se frappant le front, pour se féliciter de sa découverte.

En effet, il me conduit à la poste. Il avait donc compris. Je le vois, je l'entends causer avec le directeur : on nous inscrit pour cette malle ; on nous donne nos billets pour neuf heures du soir ; et, vous le savez, messieurs, je suis exact à prendre place à vos côtés. A présent, quand je me crois en route pour Turin, voici que vous nous dites que c'est à Rome que nous allons?...

— Nous n'allons point à Rome, monsieur, mais à Ferrare et à Bologne, dis-je, tout en comprimant l'impérieux besoin de rire qui me serre la gorger.

— Avec tout cela, messieurs, ma bourse est vide. Cinq cents francs ne conduisent pas loin en voyage, à deux surtout! continue le Normand, dont le nez plat s'allonge. Et puis, Zélida, ma pauvre femme, est malade. Hier matin, à Venise, je la vois toute couverte de boutons. On m'explique que ce sont les mouches du pays qui l'ont piquée de la sorte. Que faire? Je vais dans une maison au-dessus de laquelle je lis *Farmacia*. Ils ne savent pas l'ortographe, à Venise. J'entre et je fais comprendre par signes au pharmacien, que Zélida souffre beaucoup des piqûres des horribles moustiques de Venise.

— *Zinzares! Zinzares!* fait cet homme en riant.

Je ne sais ce qu'il veut dire avec son zinzares, moi; mais je prends ce qu'il me donne, croyant que c'est une potion calmante. Je fais donc boire la liqueur à Zélida. Hélas! messieurs, elle a failli en mourir! Quel dégorgement de bile! J'ai cru qu'elle rendrait l'âme, la belle enfant! Cela se conçoit: la pauvrette avait fait un usage interne de ce qui était destiné à un usage externe. Hein! mignonne, si je t'avais laissée à Venise!...

— Tu m'aurais bien pleurée, n'est-ce pas, mon Antony? dit Zélida d'un ton calin.

— J'y songe, messieurs: dites-le-moi. Croyez-vous qu'il y ait des banquiers à Ferrare, puisque nous allons à Ferrare? fait le Normand, revenant soudain au côté sérieux de sa position.

— C'est à n'en pas douter, répond M. Valmer, consolez-vous donc. Il est vrai que Ferrare est fort triste, et que vous aurez huit grands jours pour l'étudier, en attendant que le banquier ait fait traite sur Rouen. Mais vous aurez le vieux château de la maison d'Este...

— Pensez-vous donc que le banquier ne me donnera pas de suite?..-

— Sur quel nantissement? Vous êtes inconnu à Ferrare! mon cher monsieur... dit M. d'Alm...

— Sur ta bonne mine, mon gros chat?... fait elle-même, en riant, et très ironiquement, Zélida, qui semble se rattacher à la vie.

Cette fois nous n'y tenons pas à ce mot de bonne mine, et pour calmer notre fou rire, il ne faut pas moins que l'approche de Ferrare...

En effet, voici que devant nous, au centre d'une contrée plate, marécageuse, s'est ouvert un bassin d'un aspect particulier. Le Pô, dont nous avons traversé un bras, nous en présente un autre, car il forme un immense delta dont l'un a nom, *Pô di Volano*, et l'autre *Pô di Primano*. Or, ce second bras du Pô, comme l'Adige, comme leurs tributaires, est encaissé dans des bords artificiels beaucoup plus élevés que le sol. On a eu pour but d'imprimer à son cours une vitesse beaucoup plus rapide, et de leur faire porter dans la mer une quantité de limon plus considérable. Il résulte de l'exhaussement graduel des bords du Pô et des autres fleuves voisins, qu'aujourd'hui, dans le voisinage de l'Adriatique sur laquelle elles empiètent chaque jour, leurs eaux traversent la plaine sur le sommet des digues très-élevées, comme si elles coulaient dans des aqueducs. Or, c'est là ce côté curieux du bassin, vers lequel nous descendons, de voir ce monticule continu, qui porte le Pô, et au pied duquel la ville jonche le sol de ses édifices, de ses palais et de ses nombreuses maisons.

Mais alors, pendant que nous approchons de son enceinte. M. d'Alm..., fixant ses grands yeux noirs sur messire Antony et sa digne compagne, qui prennent la pose admirative de gens auxquels on parle chinois, leur dit avec une emphase qui nous divertirait, si nous n'y trouvions un plaisir plus sérieux :

Ferrare n'est autre chose que *Forum Alliensi* de l'antique Gaule Cispadane. Quand le farouche Attila franchit les Alpes, des habitants d'Aquilée, les uns se réfugièrent sur les lagunes de l'Adriatique, pour lui échapper, les autres, après la ruine de leur ville, descendirent sur cette branche du Pô et s'y construisirent des maisons. Ce fut donc Aquilée qui donna naissance à Venise et à Ferrare. Sans importance d'abord, Ferrare s'accrut peu à peu sous les empereurs d'Occident, sous les Hérules, sous les Ostrogoths, sous les empereurs de Constantinople auxquels elle fut soumise tour à tour.

— Constantinople ! Voilà une ville que j'aimerais presqu'autant voir que Turin... balbutie Antony.

— Eh bien ! allons-y, mon ami... s'empresse de dire Zélida.

— Non certes ! pauvre Zélida, et les Turcs donc ?

— En 583, continue le narrateur, le patrice Smaragde, exarque de Ravenne, la fit entourer de murailles, et le Pape Vitalien, en 657, y constitua un Evêché. Mais, au commencement du VIII° siècle, les Lombards s'emparèrent de la nouvelle cité, et il ne fallut pas moins que Charlemagne pour les en chasser. Alors Pépin la donna au Pape Etienne II. Ainsi Ferrare devint une seigneurie, vassale du Saint-Siège, et l'Eglise acquit de la sorte, et pour la première fois, une domination temporelle. Néanmoins Ferrare s'érigea en république ; mais, à cette époque, les deux parties des Guelfes et des Gibelins partageaient l'Italie. Le chef du parti populaire, à Ferrare, était alors *Guillaume des Adelards*, un des seigneurs les plus influents du pays.

Mais en même temps, le parti impérial était représenté à Ravenne, là, sur

la côte de l'Adriatique, par un certain *Ludolphe de Saxe*, que le peuple sur-
nommait *il Tauro*, et qui eut un fils que l'on appelait *il Torello*, parce que
le père et le fils ressemblaient passablement à un taureau, l'un, et l'autre, à
un bœuf. Fort riche, à Ravenne, le taureau possédait aussi, à Ferrare, des
domaines considérables.

Cette maison des Ludolphe de Saxe, mieux connue sous le nom des *Salinguerra*, se posa bientôt en rivale de la famille des *Adelards*, et elle usa de
ses richesses pour augmenter considérablement la ville nouvelle et l'enrichir
d'un grand nombre d'édifices, construire des fortifications puissantes et bâ-
tir trente-deux tours appuyées à son enceinte. En un mot, elle visait à
effacer le pouvoir républicain, l'autorité des consuls, et à revêtir le
titre de Podestat suzerain. Afin d'arriver plus sûrement à ses fins, elle s'occupa surtout de faire disparaître les motifs d'animosité qui pouvaient exister
chez les Adelards, et dans le but de fusionner leurs intérêts en s'unissant à
cette famille, elle demanda en mariage, pour le plus jeune des Salinguerra,
la belle *Marchesella des Adelards*, qu'on accorda bien volontiers.

Mais alors, au moment même où les noces devaient se célébrer avec pompe
dans la ville de Ferrare, soudain le bruit se répandit que Marchesella, la jolie fiancée de Taurello Salinguerra, venait de disparaître du palais de Guillaume des Adelards, enlevée nuitamment par des inconnus, masqués...

— Masqués?... fit Zélida, blanche d'effroi.

— Que l'on avait à peine entrevus à la faveur d'un rayon de lune, et qui
s'étaient enfuis vers Rovigo, entraînant avec eux la proie qu'ils avaient con-
voitée, placée sur une haquenée noire, rapide comme le vent.

— Pauvre Marchesella! dit notre Normande en soupirant.

— A la droite de la route que nous suivions cette nuit même, avant d'atteindre l'Adige, sur les derniers talus des montagnes de Padoue, et le long
des bords de la rivière le Bacchiglione, il est une simple bourgade qui, à l'é-
poque dont il est question, offrait l'aspect d'une ville importante. *Este*, telle
est le nom qu'elle portait et qu'on donne, encore aujourd'hui, au village qui
l'a remplacée. Son origine est fort ancienne. Sous les Romains, elle n'était
pas sans renommée, car Pline et Tacite en font mention dans leurs écrits.
Avant même que Ferrare fût fondée, Este était un évêché suffragant d'Aquilée.
Elle portait, en outre, le titre de marquisat. Cependant cette ville ne se dis-
tinguait réellement des bourgades d'alentour que par un Castello. Mais ce
château avait une mine rébarbative qui inspirait au loin de la terreur. Massif, large, carré, percé de larges meurtrières, ayant ses angles munis de bastions imposants, enfin dominé par la haute et fière tour du nord, le donjon,

si vous aimez mieux, ses guetteurs et ses soudards, placés en sentinelles sur les créneaux, découvraient toute la plaine, et veillaient sur le pays qui relevait de leurs nobles maîtres. Des fossés profonds, avec pont-levis, l'entouraient. Sur le front de ce manoir, comme un bandeau royal, machecoulis et parapets ; à ses pieds, barbacanes, poivrières, herses et poternes ; et, sous terre, oubliettes, cachots et puits, comme à Venise. Vous le voyez, rien ne manquait à la forteresse pour la rendre formidable.

Ses possesseurs prétendaient descendre d'*Aétius*, roi d'Albe. Ils disaient qu'Aétius avait eu de sa femme, *Martia*, un fils qui avait porté le nom d'*Este*, et était devenu le chef de leur longue lignée.

Mais des historiens sérieux, sans remonter aussi loin, placent l'origine de cette maison d'Este parmi les ducs et les marquis gouvernant la Toscane à l'époque des Carlovingiens, et qui, en 926, furent dépouillés de tous leurs Etats par les rois d'Italie. Le premier d'Este qu'ils nomment, est *Oberto*, petit-fils de Hugues ou de Lothaire, roi d'Italie.

Je vous demande bien pardon, madame la Comtesse, de vous redire ainsi le récit historique de notre compagnon de voyage. Mais comment vous parler de Ferrare, où nous sommes, sans vous en retracer quelque peu les annales, sans vous dire quelques-uns des drames dont elle fut le théâtre? Du reste, je ne vous citerai des membres de la famille d'Este que ceux qui auront quelques titres à la gloire, et, par conséquent, au souvenir de la postérité. Je laisse donc encore M. d'Alm... porter la parole.

— *Albert-Azzo d'Este II* est le premier qui ait possédé la ville d'Este, d'où il prit son titre, et c'est lui qui construisit le Castello. Il fut en grande faveur auprès des empereurs d'Allemagne Henri III et Henri IV; épousa *Cunégonde*, fille des *Welfs* ou *Guelfes*, qui donnèrent leur nom au parti plébéien des Guelfes, opposé plus tard au parti des empereurs ; puis, en secondes noces, eut pour femme *Garisende*, fille d'Herbert, duc du Maine. Il mourut en 1117.

Après *Guelfe IV*, qui se met à la tête des mécontents d'Allemagne, *Guelfe V*, qui épouse la fameuse comtesse Mathilde, reine de Toscane ; et *Obizzo I*, qui porte le premier titre de marquis d'Este, paraît *Azzo V*, qui devient le chef de tous les Guelfes de la Vénétie. C'était en 1170.

Un soir que ce jeune prince passait sous les murs de Ferrare, non loin de la Porta degli Angeli, alors que le soleil était à son déclin, et que déjà les ombres s'allongeaient dans la plaine, il rencontre, à l'ombre d'un bois, toute une chevauchée de pages et de varlets faisant cortège à une jeune femme, montée sur un palefroi fougueux. A sa vue, l'animal fait un écart subit, et il y allait de la vie de la belle jeune femme lorsqu'Azzo s'élance à la tête du coursier qui se cabre et le réduit au repos. Le Seigneur d'Este apprend qu'il a sous les yeux la fiancée de Torello Salinguerra, Machesella des Adelards. Il la salue et s'éloigne. Puis, rentré dans son vieux manoir, il rêve. D'où lui vient la tristesse qui s'empare de lui ? On l'ignore. Mais, à quelques jours de là, Marchesella était violemment ravie à son vieux père, enlevée à la tendresse de Torello, et disparaissait de la ville de Ferrare. Longtemps on la chercha jusque dans les villes les plus éloignées ; et déjà tout espoir de la retrouver était perdu, quand un billet mystérieux vint un jour tomber, avec une flèche qui le portait, aux pieds du vénérable Guillaume, se promenant dans la solitude de ses jardins. Ce papier portait ces mots seuls :

« Votre fille est près de vous, à Ferrare... Mais, avec votre image, elle porte aussi dans son cœur l'amour de celui que le ciel lui a donné pour époux, qui l'a rendue mère, et qui espère, avec elle, le bonheur de baiser bientôt vos cheveux blancs... Consolez Torello, et obtenez-nous la paix et le pardon... »

En lisant cette étrange missive, le vieux Guillaume sentit son cœur battre avec violence. Sa main tremblait, et son bras cherchait à son côté sa vaillante épée. Il aurait volontiers mis le feu dans Ferrare pour forcer tous ses habitants à fuir, afin de retrouver parmi eux sa chère Marchesella. Mais comme le moyen était un peu violent, il ne voulut pas en user.

Le hasard le servit mieux que n'eût fait sa colère. Un jour qu'il passait sur le Corso qui avoisine la Porte du Pô, il s'arrêta devant la belle façade d'un palais achevé depuis peu, gardé par des hommes d'armes, et que l'on disait appartenir au marquis d'Este. Tout à coup, dans la pénombre d'une galerie aérienne, il voit passer une forme blanche dont la brune chevelure flottant au vent du soir lui rappelle les cheveux noirs et la tournure de sa fille chérie.

— Marchesella ! s'écrie-t-il d'une voix émue.

La forme blanche venait de disparaître à l'angle d'un escalier ; mais, à cette douce exclamation partie du cœur, se montre de nouveau la tête effarée d'une jeune femme qui, voyant le vieillard debout, comme le génie de la douleur, les yeux fixés vers elle, semble redouter de se faire reconnaître encore, mais cependant, après s'être assurée qu'elle était sans témoin, lui sourit avec amour et de sa main lui envoie cent baisers.

C'en était fait. Le vieux Guillaume des Adelards savait dès-lors quel était le ravisseur de sa fille. Il en prévint Torello. La guerre fut déclarée entre les deux familles des Salinguerra et des marquis d'Este. Rien n'était plus propice à servir de théâtre à ces luttes de familles que les villes du moyen-âge dont les maisons étaient des forteresses, les rues des coupe-gorges, et les places des lieux de campement. Pendant quarante années Ferrare devint la scène des luttes sanglantes que suscita l'enlèvement de la belle Marchesella. Vainement elle fit savoir à son père son mariage avec Azzo, le bonheur dont elle jouissait, les douceurs de sa maternité : l'insulte faite aux Salinguerra ne fut lavée ni par les larmes de Guillaume, ni par sa mort, ni par les prières de sa fille. Des factions se formèrent dans la cité. Dix fois l'un des partis fut chassé par l'autre et vit ses propriétés pillées et rasées autant de fois. La mort d'Azzo, la mort même de Marchesella n'éteignirent pas la haine profonde des deux familles d'Este et de Salinguerra.

A cette époque, on usait sans vergogne du fer, du feu, de l'eau, du poison, de la corde, pour se débarrasser de ceux qui gênaient. C'est ainsi que périrent, par des moyens violents, plusieurs descendants d'Azzo. Les ennemis de sa famille engagèrent de leur côté le féroce Esselino, tyran de Padoue, à venir à leur aide. En effet, il fit une descente à Este, et en ruina complétement le vieux manoir en 1247.

Vint cependant *Obizzo II*, qui dompta ses rivaux et affermit la prospérité de sa maison, réunissant désormais à ses propres domaines les possessions des Adelards. Il favorisa le passage du Pô à l'armée française qui allait à la conquête du royaume de Naples, contre Mainfroi. Aussi la suprématie resta aux d'Este, qui devinrent enfin paisibles possesseurs de Ferrare, en reconnaissant toutefois, comme suzerains, les Papes, qui regardaient la ville comme un de leurs fiefs. Il advint même que Modène, toujours en guerre avec Bologne, et voulant se donner un protecteur puissant, lui envoya, en 1288, les clefs de ses portes, que les marquis d'Este se gardèrent bien de ne jamais rendre. Reggio suivit l'exemple de Modène. Ainsi Ferrare fut à l'avenir hors des révolutions et des misères qui les accompagnaient.

Azzo VIII, fils et successeur d'Obizzo, abandonne les Guelfes, et lutte contre les seigneurs de Lombardie qu'effraie la puissance de la maison d'Este. Celle-ci se rallie aux Gibelins et aux Visconti de Milan. Cette lutte devient d'autant plus vive, que le seigneur de Ferrare épouse la fille du roi de Sicile, ce qui lui donne un relief nouveau.

Foulques, fils d'un bâtard d'Azzo qu'Azzo VIII, a nommé son héritier, est attaqué par Francesco et Aldobrandini, frères d'Azzo. Alors il livre Ferrare aux Vénitiens. Mais le Pape Clément V, indigné de cette spoliation qui le prive d'un fief important, excommunie les usurpateurs et publie une croisade contre eux. Battus, les Vénitiens abandonnent Ferrare, dont le Saint-Père dispose en faveur du roi de Naples. A cet arrangement faisait défaut le consentement des Ferrarais. Ils le refusent, se mettent en sédition au mois d'août 1317, et le Pape est contraint de laisser rentrer en possession de son fief les prince d'Este, moyennant une redevance de 10,000 florins.

Régnent alors *Renaud, Obizzo III* et *Nicolas I.* Ces trois frères relèvent la maison d'Este, et s'allient aux Florentains et aux seigneurs de Lombardie, pour résister aux envahissements de Jean, roi de Bohème.

Quand Obizzo, à la mort de ses frères, se trouve seul maître des Etats, il achète la principauté de Parme au prix de 70,000 florins. Toutefois il la revend aussitôt au seigneur de Milan, pour mettre fin à des guerres de voisinage. Il meurt en 1361, laissant un fils légitime, Obizzo IV.

Mais à raison de l'âge tendre de cet enfant, *Nicolas II* succède à son frère. Ce prince affermit encore la puissance de la maison d'Este, et donne à la cour de Ferrare des mœurs élégantes et vraiment royales. L'amour des lettres et des arts, le bon goût et la courtoisie succèdent à la barbarie et à la rudesse des premiers âges.

Néanmoins, lorsqu'il meurt en 1388, *Obizzo IV*, qui est alors en âge de régner, monte sur le trône ; mais trouve un assassin dans sa propre famille. Il est étranglé par l'ordre d'Albert, son oncle, qui prend sa place sur le siège ducal.

Une fois maître de Ferrare, cet *Albert* use de son alliance avec le redoutable Jean Galéas Visconti, duc de Milan, pour commettre une série de fautes qui le détournent de la voie de ses ancêtres. Il se repent toutefois, et entreprend à Rome un pèlerinage sacré.

En mourant, il place sous le patronage des Républiques de Florence, de Venise et Bologne, et sous la protection des seigneurs de Padoue, son jeune fils, *Nicolas III*, âgé de neuf ans. Mais, dès le commencement de son règne, cet enfant est assailli par le seigneur de Milan, qui lui suscite de nombreux embarras. Lorsqu'il en sort, il épouse, à peine âgé de quatorze ans, *Gigliota*, fille de François II de Carrare, seigneur de Padoue. Cette alliance devenait un lien entre lui et les Guelfes.

Ici se place un drame dont Ferrare fut le théâtre et Nicolas III l'auteur. Gigliota de Carrara étant morte, Nicolas avait épousé *Parisina Malatesta*, une fille de ces Malatesta, dont le nom signifie *mauvaise tête*, et qui figurent dans l'histoire de Brescia, de Milan, etc. C'était une fortune pour la jeune fille de devenir marquise d'Este. Son devoir était d'aimer son mari et de ne vivre que pour son bonheur. Cependant Parisina s'éprit d'une folle passion pour Hugo, l'un des seigneurs de sa cour, et devint coupable. Le marquis d'Este connut bientôt son déshonneur. Alors il fit saisir Hugo d'abord, puis

Parisina. L'un et l'autre eurent la tête tranchée dans la cour du Castello, sous les yeux du prince.

A peu près vers le même temps, s'étant rendu utile au roi de France, Charles VIII, qui méditait la conquête du roi de Naples, ce monarque lui accorda de joindre à l'aigle blanc de ses armoiries, trois fleurs de lis d'or sur champ d'azur. Les armes d'Este furent donc écartelées au 1er et 2e de l'*Empire d'Allemagne*, et au 2e et au 3e de la *France*, à la bordure endentée d'or et de gueules, qui est *Ferrare*, cet écartelé séparé par un pal de *gonfalonnier de l'Eglise*, et, sur le tout, un écusson d'azur, à un aigle d'argent, couronné, becqué et membre d'or, qui est d'*Este*.

Nicolas III se montra le protecteur des sciences, des lettres et des arts. Il sut attirer à sa cour les hommes les plus distingués de son temps.

Mais rappelez-vous ce que dit l'Ecriture : *Celui qui se sert de l'épée périra par l'épée*. Nicolas avait eu recours jadis au poison pour retenir Parme et Reggio dans ses domaines : il paya ce crime par le poison. Etant à Milan, en 1441, les successeurs naturels de Philippe-Marie-Visconti, voyant avec effroi la vive amitié dont le duc de Milan s'était épris pour le marquis d'Este, l'empoisonnèrent, le 26 décembre.

Borso d'Este, son fils, lui succède. Comme son prédécesseur, il appelle près de lui les savants, les distingue et les aime. Ayant reçu à Ferrare l'empereur d'Allemagne, Frédéric III, venu en Italie pour apaiser les dernières querelles des Guelfes et des Gibelins, ce prince, en gratitude de l'accueil qui lui fut fait, lui accorda les titres du duc de Modène et de Reggio, et ceux de comte de Rovigo et de Camacchio. En 1471, le pape Paul II joignit à ces titres celui de duc de Ferrare. Mais pour Borso, duc de Ferrare, de Modène et de Reggio, comte de Rovigo et de Camacchio, la plus noble recommandation aux yeux de la postérité, fut que, sous son règne, les mœurs s'adoucirent, le flambeau des lettres se prit à briller de tout son éclat, et les luttes sanglantes du moyen-âge commencèrent à faire place à des combats et des gloires plus pacifiques. Borso appela dans ses Etats l'imprimerie récemment découverte, et il préparait d'heureuses innovations, lorsque la mort le surprit à son retour de Rome, où il avait été couronné par le Souverain-Pontife.

Maintenant se lève sur Ferrare le règne le plus brillant et celui qui contribue le plus à la mettre au premier rang des cours de l'Europe. *Hercule I d'Este*, fils légitime de Borso, pendant que ses frères naturels régnaient, avait servi dans le royaume de Naples, sous le duc d'Anjou. Devenu duc de Ferrare, il prit part à une expédition des Vénitiens contre Florence, en

1467, fut blessé et demeura boiteux. Il eut le tort de faire trancher la tête du fils de son frère Lionel, qui avait suscité quelques troubles dans Ferrare en lui disputant quelques principautés. Il fit mal encore en luttant contre le pape Sixte IV et les Vénitiens, car il perdit la Polesine de Rovigo. Mais le traité de paix une fois signé, Hercule d'Este demeura calme et neutre au milieu des révolutions qui agitèrent l'Italie. L'expédition même de Charles VIII à Naples le trouva indifférent pour tous les partis. En 1473, *Léonore d'Aragon*, fille de Ferdinand, roi de Naples, était devenue son épouse cependant ; mais il préféra le repos de ses sujets aux agitations d'une guerre fâcheuse. Il eut de cette princesse la célèbre *Béatrix d'Este*, dont Léonard de Vinci traça les traits accentués, la physionomie calme, le caractère énergique et le regard ferme, avec son pinceau de savant artiste. Béatrix devint, sans sourciller, duchesse de Milan, car elle épousa Ludovic Sforza, dit le More, un bandit qui avait strangulé et empoisonné ses neveux pour s'emparer de leur couronne ducale. Sans doute la jeune Ferraraise pensa qu'avec sa beauté, son courage et sa patience, elle apprivoiserait le loup-cervier auquel on allait l'unir. Et cependant elle avait toutes les lumières et les délicatesses que donne l'éducation reçue dans une cour brillante : car la cour de Ferrare, sous Hercule 1er, était devenue fameuse entre toutes par son élégance, sa courtoisie, son goût pour les arts. Le duc avait auprès de lui *Boïardo*, l'auteur du poème Orlando inamorato, l'*Arioste* le chantre d'Orlando furioso, et les *Strozzi*, et *Francesco Bello* et *Lelio Comisco*, tous poètes et artistes qui rendirent cette époque illustre.

En lui succédant, *Alphonse I d'Este*, son fils, venait d'épouser *Anne Sforza*, sœur de Galeas Sforza, duc de Milan. Mais cette princesse mourut jeune, et alors, en 1502, Alphonse s'unit à *Lucrèce Borgia* de sanglante mémoire. Ce qu'il y a de bien positif sur cette femme célèbre, c'est qu'après deux mariages précédents, devenue l'épouse d'Alphonse I, elle attira bientôt à sa cour, parmi d'autres hommes renommés, *Pierre Bembo*, qui l'a célébrée dans ses écrits, mais dont les flatteries n'ont pu contre-balancer le témoignage unanime des historiens qui la flétrissent. Du reste, les commencements du règne de son troisième mari furent entourés de circonstances fatales. Son frère Hippolyte fut cardinal, et l'Arioste, qu'il aimait, suivit sa fortune. Mais cet Hippolyte porta le trouble dans la maison de son frère, car il fit arracher les yeux à Jules, un autre de ses frères, et Alphonse n'osa pas punir ce crime. Puis Ferdinand, son autre frère, conspira avec Jules, l'aveugle, et voulut le faire périr. Condamnés à mort, Alphonse commua leur peine à une détention perpétuelle. Quand arriva 1509, et avec 1509 la Ligue de Cambray, Alphonse en fit partie ; mais il ne sut pas s'en retirer à temps, et alors le pape Jules II l'excommunia et le déclara déchu de la principauté de Ferrare. Alors commencèrent des luttes si préjudiciables à la famille d'Este, qu'Alphonse faillit être assassiné par le capitaine de ses gardes. La mort de Léon X rendit la paix au duc de Ferrare, qui s'empressa de faire frapper une médaille représentant un homme arrachant un anneau des griffes d'un lion, avec cette devise : *De manu Leonis*. Alors Adrien VI réconcilia le duc avec l'Eglise. Les Français et Charles-Quint se déclarèrent ses protecteurs, et le prince d'Este rentra dans tous ses domaines.

Hercule II d'Este, son fils, hérita de son duché. Ce prince eut pour épouse *Renée de France*, fille de Louis XII, et sœur de la femme de François 1er. Elle lui avait apporté en dot les duchés de Chartres et Montargis : mais elle lui apporta surtout son amour pour les lettres. Sous son règne, Hippolyte, cardinal d'Este, oncle d'Hercule II, effaça la grande faute de sa vie, en se montrant le zélé protecteur de tous les gens de mérite et de savoir. Malheureusement Hercule II essaya fort inutilement de secouer le joug de l'influence espagnole. Les ducs de Parme et de Toscane, esclaves soumis à la politique de Philippe II, le réduisirent aux plus graves extrémités ; et il dut signer, en 1558, une paix qui lui laissa le repos, mais lui enleva une part de ses richesses.

Alphonse II, qui lui succéda, avait été envoyé en France par sa mère dès son bas âge. Aussi en rapporta-t-il de la cour de François 1er des goûts de luxe, de faste et de dépense. Il épuisa ses finances aux dépens de sa vanité, voulut acheter la couronne de Pologne, et accabla son peuple de subsides. Marié trois fois, en 1558, avec *Lucrèce de Médicis*, en 1565, avec *Barbe d'Autriche*, fille de Ferdinand I, et en 1579, avec *Marguerite de Gonzague*, fille du duc de Mantoue, il n'eut d'enfants d'aucune de ses femmes, et la ligne directe d'Este s'éteignit dans sa personne.

Dans le vieux castello des ducs de Ferrare, vivaient presque à la fois, à la table hospitalière de la maison d'Este, et *Boïardo* et l'*Arioste*, et surtout l'immortel *Le Tasse*. Or, comme le dit l'historien anglais Gibbon : « Pendant que, dans l'espace de trois mille ans, cinq grands poètes épiques paraissaient sur la scène du monde, c'était une merveilleuse et étrange prérogative que, sur ce nombre, il y en eût jusqu'à trois que ce manoir du petit Etat de Ferrare réclamât comme siens, et à une même époque... »

Vous savez, madame la Comtesse, que le Tasse est né à Sorrente, sur le golfe de Naples. Elevé par les Jésuites, ils lui firent faire sa première communion à neuf ans, car il en paraissait douze pour la taille et la précocité d'esprit. Après qu'il eut étudié le droit à Padoue, et qu'il se fut livré tout entier à sa poésie, ayant composé son *Renaud*, à l'âge de dix-huit ans, et conçu déjà le plan de son immortelle épopée, *La Jérusalem délivrée*, il se vit bientôt appelé à la cour de Ferrare par Alphonse II, le duc régnant, en 1565. Le Tasse n'était pas alors, à ce qu'il paraît, aussi grave et silencieux qu'on l'a représenté depuis. Le Tasse était un poëte, un gentilhomme et un Italien de son temps, brave, bruyant, moqueur, coquet, aimant le plaisir et faisant gaîment son carnaval. Il montrait souvent une aversion marquée pour la retraite. On lui prête une foule d'aventures d'éclat, dans lesquelles se prononcent les noms les plus fameux de la cour d'Alphonse, et jusqu'à trois Léonore. Il n'est pas certain néanmoins que le Tasse se soit véritablement épris de la Léonore, sœur du duc, à ce point qu'Alphonse le fît renfermer dans une cellule de l'hôpital Sainte-Anne, à Ferrare. Quoiqu'il en soit, il n'est que trop vrai que le Tasse entra à l'hôpital Sainte-Anne, au mois de mars 1579, à Ferrare, par ordre du duc, l'année même où mourait, à la sortie d'un autre hôpital, le *Camoëns*, qu'il avait célébré, à l'occasion de ses Lusiades. Mais je m'arrête sur le Tasse, dont nous aurons occasion de dire encore quelques mots, lorsque nous visiterons sa prétendue prison, et je rends la parole à M. d'Alm... qui ne veut pas en abuser :

— Quand mourut Alphonse II, *don César*, son cousin, fils naturel d'Alphonse Ier, fut appelé à lui succéder. A la veille de sanctionner ces dispositions, le pape Grégoire XIV mourut, et le pape Clément VIII, au nom de la légitimité, dépouilla la maison d'Este de tous les fiefs qu'elle tenait de l'Eglise. César d'Este céda lâchement tout ce qu'on voulut prendre. Il abandonna même Ferrare, que sa famille tenait plutôt du peuple que des Papes, et se retira à Modène, le 15 janvier 1598. Aussi c'est à Modène qu'il faut se reporter pour achever de connaître les autres membres de la maison d'Este. Pour nous, à cette heure, nous nous en tiendrons là, et laissant don César acheter fort cher la paix avec la république de Lucques, vivre modestement à la cour de Modène, et enfin la quitter pour se faire capucin, sous le nom de frère Jean-Baptiste de Modène, parce qu'il venait de perdre *Isabelle de Savoie*, sa femme, qu'il aimait éperdument, nous dirons simplement, qu'après son départ Ferrare fut réunie aux Etats de l'Eglise.

Mais ni les embellissements qu'on lui prodigua, ni les fortifications dont on la couronna, ni la citadelle dont on l'appuya, ne purent empêcher la décadence de cette ville, jusque-là rayonnante de gloire. En perdant ses ducs, elle perdit sa fortune et son avenir.

Ajoutons cependant que la maison d'Este, divisée en plusieurs branches, voit l'une d'elle, celle des ducs de Brunswick, régner aujourd'hui en Angleterre et en Hanovre, et celle de Modène occuper le trône d'Autriche. C'était donc une maison fameuse entre toutes.

En 1796, malgré sa puissante citadelle, Ferrare fut prise par les Français, qui en firent le chef-lieu du département du Bas-Pô. Mais les traités de 1815 la restituèrent encore au Saint-Siège, dont elle est une Légation. Seulement, les Autrichiens, ces loups-cerviers de la civilisation, les Autrichiens que l'Italie, je le vois partout, hait de tous les cœurs auxquels est attribuée la puissance de battre, se sont réservé le droit d'y tenir garnison.

Ayant ainsi parlé, M. d'Alm... garde enfin le silence. Mais il se tait depuis quelques minutes déjà, que nos deux Normands, bouche béante, écoutent encore.

Cependant nous entrons dans l'antique Ferrare, la cité des ducs d'Este, moins fièrement que ces princes faisaient jadis, assurément, madame la Comtesse; mais le bruit de ferraille de notre calèche et le carillon des grelots de nos coursiers remplacent pour nous l'éclat et l'élégance, car la foule s'écarte, lorsqu'à peine nous pénétrons dans le beau *Corso della Porta del Pò*. La foule, à Ferrare? allez-vous dire. Oui, la foule, la vie, le mouvement, une animation grande se font autour de nous. Un marché, peut-être une foire, en tout cas une sorte de fête a lieu dans ce moment au beau milieu du Corso et dans les rues adjacentes. La ville semble toute joyeuse. On se presse sur les places et dans les carrefours que nous entrevoyons. Les rues nous paraissent larges, bien percées, bien bâties, et plusieurs semblent d'une longueur peu ordinaire. Toutefois il est des quartiers dont la physionomie déserte et sombre révèle que la ville est beaucoup trop vaste pour sa population. Je lui trouve, pour mon compte, un faux air de Versailles. En effet, ces deux cités, bâties pour quatre-vingt ou cent mille âmes qu'elles renfermaient aux jours de leur splendeur, n'en renferment plus guère que vingt-cinq à trente mille. Néanmoins, dans l'ensemble, Ferrare prend des tons et le masque d'une duchesse déchue, mais qui lève encore fièrement la tête.

Au centre même de la ville, où notre malle-poste nous dépose civilement sur le pavé, en s'emparant de nos passe-ports par les mains de son conducteur à l'œil grivois et à l'ongle crochu, se dresse le *Palais des Ducs* de Ferrare. Pour auréole, il voit rayonner tout autour de lui en sens divers, mais convergeant à ses remparts, d'abord le *Corso della Porta del Pô*, que nous venons de descendre, puis, perpendiculairement à ce Corso, derrière le vieux manoir ducal, l'autre *Corso della Porta di Mare*, aboutissant à la *Porte de la mer*, comme son nom l'indique; puis, une rue coupant ces deux Corso à angles droits, la *Strada Pepponi*, qui touche à la *Porta degli Angeli*, et une autre rue encore de fort belle tenue, la *Strada della Giovecca*, et une foule d'autres, de moindre apparence.

Nous sommes sur la place centrale de Ferrare, la *Piazza Ducale*, et en face du *Castello*, où ont vécu, où ont brillé, où ont souffert, où sont morts, et les Obizzo, et les Nicolas, et les Hercule, et les Alphonse d'Este, où Parisina fut décapitée, où Béatrix devint duchesse de Milan, où Lucrèce Borgia promena la torche et composa ses poisons, où périrent par la corde les victimes d'Albert, etc.; enfin d'où Boïardo, Arioste, Tasse, les Strozzi, et *tutti quanti*, firent luire aux yeux de l'univers le flambeau du génie !...

Donc examen du *Palais d'Este*, bâti au moyen-âge, et prêt à recommencer une ère de gloire plus longue que celle qu'il raconte; tant il est vaillant et robuste encore. C'est une masse imposante et lourde, carrée, massive, flanquée à ses angles de tours trapues, obèses, et environné de fossés profonds remplis d'eau, avec des ponts-levis, des herses, des poternes, des glacis, et des machicoulis bordant les ravenelles, en un mot, tout l'attirail belliqueux des châteaux-forts. Toutefois, ce vieux manoir vise à la coquetterie ; et, sur ses flancs d'athlète, il drape, non sans grâce, une fort belle écharpe de dentelle, qui n'est autre qu'une galerie ornée de charmantes petites colonnes de marbre blanc d'un effet agréable à l'œil. Dans l'intérieur, que nous visitons, pour y retrouver les appartements illustrés par les nobles héros et les gentes dames du temps passé, et nous repaître de souvenirs, nous ne trouvons plus que des salles modernées, froides à l'esprit, sans expression pour le cœur, mortes quant aux personnages qui les ont habitées. C'est à s'en mettre en colère ! Plus rien des d'Este ! A peine, à grand'peine M. Valmer retrouve-t-il quelques fresques à demi-effacées représentant des Bacchantes, et qui seraient dues au *Titien*... Pour nous dédommager, nous déclamons dans la cour qui vit rouler les deux jeunes têtes de Hugo et de Parisina, les beaux vers de lord Byron, que certainement vous avez lus.

Pour moi, Ferrare tout entière est là, là, dans ce palais ducal ! Mais cependant la maison Dieu, le *Duomo*, mérite bien aussi notre visite, et nous la lui rendons d'autant plus volontiers, que la *Piazza Nuova* est à deux pas de nous, et que sur cette place se dresse majestueusement et le *Palais des Nobles* jadis, à cette heure l'*Hôtel-de-Ville*, précédée de la statue des ducs Hercule II et Borso I ; et l'*Antique Cathédrale*, le Duomo en question, dont l'élégant portail attire et captive l'attention des curieux.

Au-dessus de la porte latérale, ont voit un buste antique, dont le peuple a fait une sainte Madone qu'il vénère, et la statue d'Albert d'Este, l'assassin de son neveu, partant pour son pèlerinage de Rome, afin de se laver du sang dont l'a rougi cet affreux parricide. Nous y admirons surtout des reliefs du VIIe et du XIIIe siècles, qui représentent avec une naïveté délicieuse la Passion de N. S., le Jugement final, le Paradis, l'Enfer, et les Péchés Capitaux, reproduits avec des emblèmes plus que gr tesques.

La Cathédrale de Ferrare, vaste et belle, date de 1135. La curiosité principale qu'elle exhibe aux regards du touriste est la peinture de sa coupole immense qui représente le Jugement dernier. Un élève de Michel-Ange, *Bastiniano*, est l'auteur de ce beau travail. A la manière de son illustre maître, l'artiste a disposé par centaines, dans toutes les attitudes, et avec toutes les expressions de crainte, de joie, d'espoir, de confiance, de terreur et de désespoir les Justes et les Réprouvés, à l'entour du Souverain Juge qui se présente avec tout son cortége de gloire. Les plus étranges difficultés ont été vaincues, surtout dans les raccourcis, au milieu de ce vaste et bizarre pêle-mêle d'humains réveillés dans la tombe par les sons de la trompette des anges, et arrivant de tous les points du globe. Mais ce peintre s'est bien gardé de vêtir ses personnages : ils se présentent tous à l'état de nature, et c'est le triomphe du génie, dans une telle répétition, d'avoir constamment et magnifiquement varié les poses.

Nous sortons, et comme messire gaster parle en maître, et que, sur la place même, en face du Duomo, nous avisons une *Trattoria* d'assez belle apparence, nous nous installons à l'une de ses tables, sous l'abri d'une tendine rayée de blanc et de jaune. Là, nous nous disposons à parler de près à l'esturgeon, pêché dans le Pô, et cuit dans un court-bouillon ; à l'anguille salée de Camacchio et au vin rouge de Condigoro, qui sont à Ferrare d'un renom sans pareil et que l'on nous sert *sub dio*, lorsque soudain une vision, mais une affreuse vision, tient suspendues nos fourchettes à mi-chemin déjà de notre bouche. Figurez-vous, madame la Comtesse, un spectre, un vrai spectre, un corps élancé, maigre, osseux, enfoui dans un sac blanc. Représentez-vous ce fantôme avec un masque blanc, se terminant en pointe comme une barbe de chèvre, et, à la place des yeux, allumez deux charbons qui vous fixent ; supposez-lui les pieds nus chaussés de sandales blanches, et vous aurez l'image de notre spectre. Il agite au-dessus de notre table un tronc de fer-blanc. Cette apparition a lieu d'une façon tellement inattendue, que Zélida pousse un cri et se voile la tête de sa serviette en se renversant en arrière. Une seconde, une troisième fois, le spectre agite son tronc portatif ; et alors, seulement alors, nous comprenons le but de sa visite, et nous nous hâtons de faire droit à sa demande...

Mais à peine cette vision s'est-elle éloignée, qu'une seconde lui succède. Cette fois, ce n'est plus un fantôme blanc, mais un spectre noir qui se présente. La cagoule de celui-ci est semée de têtes de mort peintes en blanc et qui grimacent d'horribles contorsions.

Ces deux quêteurs sont les Frères des Pauvres et de la Mort. On comprend le but de l'institution : c'est la plus sainte pensée qui a présidé à sa création. Ils font une quête dans la ville, les jours de marché et de foire afin d'acheter des bières, de faire inhumer convenablement, et d'obtenir des messes pour les indigents, et surtout pour les suppliciés. Ce sont les premiers citoyens de la ville, les plus riches, les plus recommandables qui font partie de cette Confrérie mortuaire. Ainsi, quand on doit exécuter un criminel, ces Frères noirs se dévouent et s'arrachent au calme de leur foyer : ils vont préparer le coupable à trépasser, ils lui adoucissent l'amertume des dernières heures de la vie, ils lui cachent le bourreau, ils lui parlent jusqu'au moment où le fer... Mais alors ils tombent souvent eux-mêmes, épuisés par la lutte qu'ils subissent vis-à-vis de la froide et implacable péripétie dont la justice entoure l'immolation... Aussi cet épouvantail des vivants, qui m'effraya d'abord, me parut beau ensuite, et je félicite les nobles vivants qui prêtent de la sorte une suprême assistance aux morts...

Après avoir passé une heure à voir la *Chiesa-San-Francesco*, fondée par le duc Hercule I, et où se trouvent, en outre, des tombeaux des princes de la maison d'Este, des peintures de *Garofalo*, le Raphaël de Ferrare ;

San-Benedetto, une autre église d'une fort belle architecture, appartenant à un ancien monastère, voisin de la porte du Pô, et devenu un hôpital militaire ; et dans le réfectoire, à la voûte, un Paradis avec ses gloires, peint par l'un des chefs de l'école de Ferrare, *Dossa-Dossi*, dans lequel Paradis, l'Arioste voulut être représenté sous prétexte qu'il devait occuper une place dans le ciel de San-Benedetto, n'étant pas bien sûr d'être admis dans celui de Dieu ;

Et vingt autres églises, sur cent que possède Ferrare ;

Nous nous rendons enfin, d'abord au n° 3355, *della Strada S. Maria delle Bocche*, pour y voir la maison paternelle de l'Arioste, celle où il reçut le jour, comme le prétendent les Ferrarais, envers et contre bon nombre d'historiens qui le font naître à Reggio, près Modène, en 1474.

Puis, nous repartons aussitôt pour visiter, au n° 1208, *Via Mirabile*, aboutissant au Corso di Porta del Pô, l'autre maison, mais très-authentique celle-là, que le même poëte fit construire dans les dernières années de sa vie, et où il mourut d'une maladie de vessie, en 1533. Le jardin, qui jadis attenaît à la maison, n'existe plus; mais nous y retrouvons l'inscription qu'il composa tout exprès pour la placer au-dessus de la porte :

Parva, sed apta mihi, sed nulli obnoxia, sed non
Sordida, parta meo sed tamen ære domus.

Enfin nous nous acheminons vers le *Studio Publico*, au sud-est de la place du Dôme. On appelle ainsi l'*Université*, ou, si vous voulez, le *Palais* ou l'*Ecole de Médecine* et de *Jurisprudence*. C'est tout à la fois une bibliothèque et un musée. Du reste, peu importe. Nous y allons pour saluer les cendres de l'Arioste. Oui, c'est encore l'Arioste qui nous appelle dans le musée de Ferrare. Jadis son tombeau décorait l'Eglise du couvent de San-Benedetto, dont le Paradis possède son portrait, comme j'avais l'honneur de vous le raconter tout à l'heure. Mais en 1801, les Français, maîtres de Ferrare, firent transporter dans le palais de l'Université le monument funéraire et les ossements du poète. C'est là que l'Arioste repose, au fond d'une galerie. Et celui qui parcourt la bibliothèque, composée de quatre-vingt-dix mille volumes, après avoir admiré les neuf cents manuscrits antérieurs du XIII° siècle; des palimpsestes grecs de saint Grégoire de Naziance, de saint Chrysostôme, etc.; dix-huit antiphonaires in-folio, avec de délicieuses miniatures du XV° siècle, provenant de l'ancienne Chartreuse de Ferrare; des fragments manuscrits de la main de l'Arioste et de son Orlando: un fauteuil en bois et l'encrier en bronze du poète; le Pastor Fido de *Guarini*; et d'autres manuscrits, par le Tasse, de sa Jérusalem, et ceci, et cela arrive enfin au Mausolée de notre illustre auteur, qui met fin à ses recherches et à sa promenade scientifique.

Toutefois la grande curiosité, le pèlerinage obligé de Ferrare, c'est la *Prison du Tasse*. Elle est située au nord-est de la cité, sur les terrains qu'occupaient autrefois l'hôpital Sainte-Anne. On arrive à une muraille percée d'une porte antique. Vous lisez sur l'un des vantaux : *Ingresso alla prigione di Torquato Tasso*. Vous sonnez : on vous ouvre. Le cerbère est très-complaisant, il s'agit pour lui d'un pour-boire. Dans la petite cour où vous pénétrez, à droite, masure basse, mal crépie, avec une porte en assez triste état. La clef tourne, les gonds grincent : vous apparaît une chambre voûtée, haute de deux mètres, longue de près de sept, et large de quatre environ. Voilà où le Tasse a passé cinq années de sa vie !

Est-ce vraiment la chambre qu'occupa le grand poète? Goethe prétend que c'est un conte; madame de Staël se refuse à le croire. Beaucoup de gens traitent de fable et la folie et les affections et la prison du Tasse. Ils prétendent qu'Alphonse II était trop grand seigneur, trop noble dans ses procédés, trop admirateur du génie, pour s'être compromis au point d'enfermer dans un trou pareil le plus grand des poètes. M. Valery, l'un des touristes les plus judicieux et les plus éclairés, raconte que des hommes instruits de Ferrare, qu'il consulta, lui affirmèrent que nul ne croyait à cette tradition.

Cependant les vieux bâtiments qui entourent ce réduit sont bien des dépendances de l'hospice Saint-Anne. Il paraît qu'un jardin occupait l'autre côté de cette chambre, et que deux fenêtres donnaient sur ce jardin ; on en voit les baies mûrées. Du côté de la porte, existe une cour passablement longue et large. Au bâtiment donnez un aspect neuf, ouvrez les fenêtres mûrées, rendez propre la cour, et semez le jardin de fleurs : il y a bien des prisonniers qui envieront alors ce lieu de réclusion.

Quoiqu'il en soit, la voûte les murailles, la porte, le moindre coin blanc, gris ou jaune, portent cent mille noms de visiteurs. On y lit, en les cherchant, ceux de Casimir Delavigne, de Lamartine, de lord Byron. L'auteur des Méditations y composa une ode. Quant à l'auteur de Childe-Harold, original comme tous ses compatriotes, il pria le portier, en lui mettant quelques pièces blanches dans la main, de l'enfermer dans cette prison. Que ne ferait pas un portier pour de l'argent ? Byron, une fois sous clef, le pipelet curieux ajusta l'œil à une fente de la vieille porte, et regarda. Le poète, la tête enfoncée dans les épaules ou tombant sur la poitrine, les bras ballants, parfois la main sur le front, marchait à grands pas, comme un fou. Après deux heures passées dans l'obscurité, Byron appela : on lui ouvrit. Il s'échappa comme un génie chargé d'un lourd fardeau, et alla en toute hâte composer ses *Lamentations du Tasse.* Certes ! il est du devoir d'un honnête homme de trouver beau tout ce que le génie de Byron a fait tomber de sa plume. Pourtant on peut rencontrer mieux que sa complainte.

Le Tasse sortit de Sainte-Anne, le 5 ou le 6 juillet 1586. Il vécut un peu moins de neuf ans après. Il séjourna à Mantoue, à Naples, à Rome, recherché par les princes et par les grands, mais luttant contre la misère, et écrivant souvent des lettres qui demandaient l'aumône.

Sa négligence domestique, son inexpérience des affaires, des vols commis par ses serviteurs, un larcin de 30 écus surtout, dont il est victime, le réduisent aux plus fâcheuses extrémités. A Naples, qui lui rappelle sa mère, son enfance, qu'il aime comme sa *chère patrie*, qu'il désirait comme le Paradis, un médecin refuse d'aller le voir, parce qu'il est sans argent. A Rome, il garde le lit faute de vêtements. Il est contraint d'aller à l'hôpital des Bergamasques, fondé par un cousin de son père. Une telle vie pour un tel homme, n'est-ce pas la mort, une mort incessante?

Enfin, alors que le pape Clément VIII apprécie son talent, et veut couronner le Tasse, solennellement, au Capitole, le pauvre et noble poëte meurt, en 1595, emporté par la fièvre qui le minait depuis longtemps.

Je m'arrête, madame la comtesse, et je joins les mains pour vous prier d'excuser mon grimoire et mon trop long bavardage.

Nous allons quitter Ferrare. Notre ami d'Alm... nous suit à Bologne, mais nous avons dit adieu à notre Robert Guiscard, qui vient de faire jouer le télégraphe pour demander de l'argent, afin d'aller à Turin. Si vous rencontrez un petit homme, trapu, engoncé dans une barbe rousse en forme de broussailles, et suivi d'une sylphide en chapeau mousquetaire, ce sera Antony, ce sera la sensible Zélida.

Madame la Comtesse, à vous tous les hommages de cœurs respectueux et dévoués ; à monsieur le Comte, les plus sincères tendresses ; et à votre charmant Joseph, mille amitiés sans limites.

> J'ai l'honneur d'être, Madame, avec le plus profond respect, votre humble serviteur,
>
> EMILE DOULET.

II

A M. ET MADAME NEVEU, A PARIS.

Bologne, 2 octobre 185...

— Nobles chevaliers errants, vers quel point du globe l'enchanteur Merlin vous a-t-il donc appelés? Dans quel vieux et sombre manoir de Mélusine êtes-vous confinés, que jamais plus on n'entend parler de vous et de vos brillants exploits?...

— Nous sommes en Italie toujours, mes bons amis, à l'instant même nous venons de quitter le Ferrarais pour le Bolonais, et, sans qu'aucune baguette magique nous ait touchés, de la légation de Ferrare nous voici dans la légation de Bologne. L'une et l'autre font partie des Etas de l'Eglise : en conséquence, nous sommes sujets du Pape depuis quelque temps, et, à cette heure, nous habitons Bologne, la seconde capitale du royaume terrestre du Saint-Père, dont Rome est la première. Certes! ce n'est pas là que les enchantements d'une fée Carabosse pourraient venir nous chercher, j'imagine?

Une berline à quatre chevaux, avec postillon en selle, — et cela valait mieux que le manche à balai sur lequel on voyage avec les sorciers, — nous a transportés de Ferrare à Bologne, en cinq heures, par une route blanche, poudreuse, rectiligne et constamment obstruée par d'énormes meules de fourrages qui marchaient seules. On l'aurait cru du moins, car jamais nous n'avons pu voir ni le char ni les buffles qui traînaient ces montagnes, échevelées comme des perruques de géants, sous lesquelles chariots et bêtes étaient enfouis. Pour un don Quichotte, c'eût été là une occasion sans pareille d'invoquer la belle Dulcinée, de piquer la pacifique Rossinante, et de pourfendre de son épée, ce qu'il eût pris pour une transformation dérisoire du farouche Micocolembo, duc de Quirocie. Quant au paysage, peu ou prou. A gauche, vastes marais peuplés d'excellentes anguilles, appelés *Vallées de Camacchio*, servant de bordure à l'Adriatique, et dont les nappes miroitaient au soleil. A droite, premières ondulations bleuâtres des Apennins, sillonnant au loin le ciel, comme un mirage fantastique. Mais, pour compenser cette monotonie, brûlants rayons d'un soleil torréfiant. Aussi nos compagnons de voyage avaient tous l'air de se faire la grimace, tant ils tiraient la langue.

Bologne est située dans une fort vaste et très-riche plaine qu'arrose le *Réno*, une rivière qui, descendant des Apennins de Toscane, vient décrire un cercle à l'entour de la ville, au sud et à l'est, y envoie ses eaux par un canal, et traversant ensuite la légation de Ferrare, comme celle de Bologne, va se jeter dans la bouche du Pô, la plus voisine de Ferrare et qui a nom *Pô di Primaro*. Lorsqu'on débusque dans cette plaine immense, la verdure qui la zèbre, et les différentes nuances des céréales et des produits qui la capitonnent, font ressortir bientôt à l'œil une enceinte pentagonale de murs de briques entourant un large semis de toits rouges. C'est la vieille cité qui se drape fièrement dans l'antique manteau troué de ses vénérables fortifications, et qui sourit par ses douze portes. Ces douze portes sont : au nord, les *Porta Galliera, P. Mascarella, P. S. Donato* ; à l'est, *S. Vitale, P. Maggiora, S. Stefano* ; au sud, *P. Castiglione, S. Mamolo, Saragozza*, et à l'ouest, *S. Isaïa*, *S. Felice* et *P. Lamme*. On ne peut rien de plus régulier. Chacune de ces portes offre une physionomie particulière, plus ou moins belliqueuse, plus ou moins pittoresque. En outre, de grosses tours rondes, élancées, crénelées, percées de meurtrières, complètent l'aspect d'une cité moyen-âge. Puis, en approchant de la ville, les coupoles, les donjons, les clochers achèvent de signaler une capitale. Mais surtout on est frappé de la vue de deux tours carrées, voisines l'une de l'autre, inclinées, très-fort incli- nées, assez semblables à deux géants qui se donneraient un salut courtois, ou à deux... ivrognes qui, à leur sortie du cabaret, ayant peine à reprendre l'équilibre, se livreraient à certains exercices de soulographie et chercheraient à s'appuyer l'un sur l'autre, le plus petit appelant le secours du plus grand. Ce sont les deux fameuses tours penchées de Bologne, la *Garisenda* et la *Torre degli Asinelli*.

Nous avons fait notre entrée par la Porta Galliera, et suivi une longue et droite Strada, toute bordée de portiques. Alors, tournant à gauche, notre voiture nous a conduits sur la *Piazza Maggiore*, le Forum de Bologne au vieux temps, qui, avec ces *Tours Penchées*, l'*Eglise de Saint-Pétrone*, le *Palais du Podestat*, etc., occupe le centre de la cité. De là, nous avons en- trevu une foule de rues étroites et tortueuses qui serpentent autour de ce point central, jadis l'ancienne cité, mais d'où rayonnent à cette heure, de grandes strades, larges et spacieuses, aboutissant aux principales portes, et, les nou- velles rues, comme les anciennes, bordées, presque toutes, des deux côtés, de portiques irréguliers, qui donnent à la ville une teinte monacale sévère, triste et maussade, et en même temps un abri fort utile pour préserver les piétons contre l'ardeur du soleil.

Dans le plus grand nombre de ces rues, et au-dessus d'une quantité de boutiques, Émile me signale tout d'abord d'étranges enseignes. Ce sont des bras nus, se redressant à partir du coude, comme un éperon de galère, et s'avançant de lui-même à la rencontre d'une lancette qui lui pique la veine, d'où jaillit un filet de sang retombant avec grâce dans un... vase quelconque.

— Eh! mon Dieu! pensé-je, on est donc bien exposé aux coups de sang dans ce pays que voici tant de médecins appelant la pratique?

Sur ce, à peine descendus de notre berlingot, nous sommes abordés fort mystérieusement par un brave Bolonais, qui nous conduit quelque peu à l'écart, pour nous offrir obligeamment de prendre gîte sous son toit, et, afin de nous décider, le généreux hôte nous annonce qu'il est saigneur de son quartier. Heureusement pour l'intelligence de la chose, à ce mot de sai- gneur, il joint une pantomime fort expressive. Aussi, mes chers amis, re marquez bien comment j'écris ce mot : Saigneur ! et ne confondez pas mon héros avec le Seigneur de la ville. Le Seigneur de Bologne, je vous l'ai dit, c'est le Papo. Or, le Bolonais qui se met ainsi, lui et ses chambres à louer, à notre disposition, est tout simplement un de ces nombreux... barbiers qui, non contents de faire soigner les joues de leurs clients avec les estafilades de leurs rasoirs, saignent aussi les bras à l'aide de leurs lancettes, et enlèvent au corps le trop plein de ce précieux liquide qui fait la vie. De là les nombreuses enseignes en question. Il paraît que c'est ou la mode ou une nécessité de se faire saigner souvent à Bologne ; et certes, pour un voyageur peu habitué aux chaleurs de la plaine, la chose a son beau côté. Mais, comme en demeurant chez ce barbier, nous serions exposés à voir des exécutions dont la vue ne me sourit nullement, et qui ne réjouit pas davantage Emile, nous tirons notre révérence au saigneur, en lui promettant toutefois notre bras, au besoin, et au lieu de rentrer dans sa maison, nous nous installons à la Pension Suisse, que je vous recommande...

Libertas ! telle est la devise de Bologne, devise que nous avons déchiffrée déjà en maint endroit, comme armoiries, mais dont nous n'entrevoyons pas la moindre réalité, en action. En effet, nous ne sommes pas encore établis dans notre appartement avec M. Ch. d'Alm..., un touriste qui s'est joint à nous depuis deux ou trois jours, que les fanfares d'une musique de cavalerie bruissent à nos oreilles. Nous nous mettons à la fenêtre : c'est un régiment de hulans autrichiens qui défile, et dont les officiers regardent les passants avec une persistance qui ressemble à un défi. Une heure après, nous circulons dans la ville, et nous examinons les curiosités de la Piezza Maggiore, lorsque des tambours d'infanterie nous assourdissent. C'est un régiment de Croates qui rentre dans sa caserne. Nous continuons notre promenade, et voici qu'à la Porta-Sant'-Isaïa, un roulement de tonnerre ébranle le sol. C'est tout un parc d'antillerie hongroise qui se met en mouvement...

— Ah ça ! on en a donc mis partout, de ces Autrichiens? dit Emile d'un ton d'assez mauvaise humeur.

— Dis qu'ils se sont glissés partout, répondis-je. Les Traités de 1815 ont restitué la Lombardie à l'Autriche ; mais l'Autriche a un estomac d'autruche, et la Lombardie, toute belle qu'elle est, ne suffit pas à son appétit. Avec un peu de tartufferie, on vient à bout de grandes choses par une foule de petits moyens. Ainsi, la susdite Autriche, en outre des Traités de 1815, s'est fait signer une litanie de petits traités par les nombreux principicules de l'Italie. Dans ces traités, elle a inséré des clauses qui témoignent de sa sollicitude en faveur des principicules trop faibles pour se soutenir par eux-mêmes, e qu'elle protége de son bras tutélaire, en mettant des garnisons dans leurs villes. Qu'on l'ait accepté ou non, cette bonne Autriche a ainsi jeté le grappin sur presque tout le nord de l'Italie : de sorte que, à un moment donné, d'un seul coup de sifflet, les soldats tirent le sabre et l'Italie est à elle. Or, Bologne, toute ville papale qu'elle est, Ferrare, et bien d'autres, sont dans ce cas. Il en est ainsi de Modène, de Plaisance, d'Ancône, etc.

‑ Et la devise de Bologne, *Libertas !* que devient-elle, avec un pareil système ? continue mon philosophe.

— Pour Bologne, la liberté consiste à avoir deux maîtres au lieu d'un. Mais, ajouté-je en regardant M. d'Alm..., dans toute l'Italie du nord, dans la Lombardie surtout, n'avez-vous pas remarqué comme on sent le sol qui tremble sous les pas ? Il se fait un craquement sourd et prolongé qui révèle que le peuple veille, se compte et se prépare à secouer le joug de l'étranger. On devine qu'à un jour prochain les Italiens se lèveront comme un seul homme et tireront le glaive pour rendre vraie cette devise de Bologne, *Libertas !* Malheur à l'Autriche alors ! car l'avons-nous vue détestée à Milan, à Vérone, à Mantoue, à Padoue, partout ! A Venise, l'apparition seule d'un uniforme blanc livre aussitôt la place Saint-Marc à la solitude, et il est notoire que dans toutes ces villes, aux fêtes du gouvernement de Vienne, les étourdissantes détonations de tous les forts et des citadelles ne peuvent réveiller les habitants qui, ce jour-là, semblent tous saisis d'une fièvre maligne et gardent le lit, tandis que *Te Deum* dans les églises, revues sur les places, et feux d'artifices au sommet des monuments, n'ont pour témoins que leurs acteurs. Oh ! malheur, trois fois malheur à l'Autriche ! On ne lui pardonnera jamais ses affreuses exécutions de Vérone, de Milan, de Mantoue, pas plus que le *carcere duro* et le *carcere durissimo* de son horrible Spielberg...

Maintenant que j'ai dégorgé ma mauvaise humeur contre l'Autriche, je reprends mon récit.

J'avais bien juré que jamais plus on ne me reprendrait dans les tours et dans les clochers, fussent-ils les plus beaux du monde, car d'ordinaire, un tremblement vertigineux s'empare de moi. Mais comment ne pas faire l'ascension du dôme de Milan, par exemple, et, du haut de son jardin de marbre, ne pas contempler toute la belle Lombardie ? Comment, à Venise, ne pas gravir le Campanile, par son escalier en pente si douce, qu'un cheval en atteint facilement le sommet, et ne pas admirer les Alpes, qui se nouent à l'horizon septentrional, la mer Adriatique qui rutile à l'orient, et les lagunes au milieu desquelles nage la Fée, la Sirène des Doges ? Enfin, à Bologne, une fois la nuit venue, au clair de lune, les Tours Penchées ont si bonne grâce à vous saluer, elles vous présentent une physionomie si paterne, elles vous invitent avec tant de bonhommie à les encalifourchonner, elles vous promettent de vous montrer des sites si ravissants ! Comment résister à l'offre qu'elles vous font de vous porter au milieu des airs, de vous placer entre les cieux et la terre, de vous faire entrevoir l'Italie, les Apennins, l'Adriatique, le monde ?...

Il est donc décidé, séance tenante, que nous ferons un sacrifice à la curiosité. En effet, à huit heures du matin, conduits par un guide à moustaches en brosse et en redingote à brandebourgs, nous nous dirigeons vers les Tours Penchées. Je vous ai dit que ces tours, en briques, carrées, noires de vétusté, occupent à peu près le centre de la ville. *Torre degli Asinelli* est le nom de l'une, *Torre Garisenda*, celui de l'autre.

Celle-ci, *Garisenda*, qui s'appelle aussi *Mozza*, semble la fille d'Asinelli, car elle est beaucoup moins élevée, et paraît donner la main à sa mère pour aller à la promenade. Filippo et Odo Garisenda la firent élever à leurs frais et lui donnèrent leur nom : c'est une façon comme une autre de perpétuer son souvenir. Cette première tour compte cent trente pieds d'élévation. Mais, — voyez comme il faut être modeste dans ce bas monde où l'on est souvent exposé à tomber dans la boue, — à peine la Garisenda levait-elle fièrement sa tête jeune et fraîche en 1110, que, comme l'astrologue du bon LaFontaine, le pied lui manqua. Un jour, droite comme un 1 le matin encore, le soir venu elle s'inclinait sur le sol, et cette inclinaison n'était pas moindre de huit pieds. Etait-ce un tremblement de terre qui lui jouait ce mauvais tour, ou tout bonnement le terrain qui la portait s'était-il affaissé ? La question est encore pendante. Ce que l'on peut dire, c'est que le poète de Florence, le Dante, venu à Bologne, comme vous savez, lorsqu'il se rendait à Ravenne, où il mourut, vit la Garisenda, en 1315, alors qu'elle avait deux cents ans, et l'immortalisa, en lui empruntant cette comparaison que l'on trouve dans son Enfer :

« Tel que la Garisenda, si on la considère du côté où sa cîme inclinée inspire tant d'effroi, paraît prête à se renverser, quand il passe un nuage au dessus de ses créneaux, tel me sembla le formidable Antée, etc. »

Nous arrivons sur la *Piazza minore di Porta Ravegnana*, que décoreraient ces deux tours, si elles n'étaient pas entourées de hideuses masures. Fort originales dans la pénombre du soir et sous les rayons argentés de la lune, au grand jour, la Garisenda et l'Asinelli laissent voir bien des rides et une pelure enfumée, noirâtre, poussiéreuse, qui ne séduit pas. Hélas ! quand on a neuf cents ans bien comptés, le fard et le duvet de la jeunesse sont envolés et de reste... Le Dante à la main, nous nous approchons de la Garisenda du côté où elle penche. Grâce à un orage que l'atroce chaleur des jours précédents a fait éclater sur Bologne la nuit précédente, nous constatons en effet par les derniers nuages qui passent rapidement en l'air dans un sens opposé qu'on peut croire qu'ils vont l'abattre. Aussi sommes-nous saisis d'un effroi, puéril il est vrai, mais dont cependant nous ne pouvons nous défendre.

Notre guide nous apprend alors que cette inclinaison extérieure de huit pieds, se réduit à l'intérieur de la tour à un seul pied ; d'où il conclut que le surplomb de la tour est un effet de la volonté de l'artiste qui l'a élevée, quoiqu'en disent les architectes modernes.

De la fille qui trébuche, nous passons à la mère qui se baisse pour la soutenir, ou, si vous aimez mieux, de la Garisenda nous allons à la *Torre degli Asinelli*. A la bonne heure ! voilà une tour antique, oh ! fort antique, elle date de 1110, bien noire aussi, très-grimée, mais d'une structure svelte et élégante malgré son inclinaison, malgré son grand âge, malgré sa haute taille, trois cent soixante-seize pieds ! Est-elle bien droite encore, voyez : à peine les ans qui la chargent la font-ils dévier de trois pieds et demi de sa perpendiculaire. Elle est la fille des Asinelli, nobles Bolonais qui ont attaché leur nom aux plis de sa jupe. Ces plis se composent de quatre cent quarante-sept marches. Oui, quatre cent quarante-sept marches conduisent à son sommet, en se collant d'un côté à l'autre de la quadrature de la tour, mais en laissant au centre un... vide, un abîme, dont, seule, la pensée me glace encore d'une terreur vertigineuse. Et pas le plus léger petit garde-fou, notez bien ! Monter, n'est rien : on lève la tête, et on ne voit pas, si l'on veut, le gouffre béant. Nous montons donc. Ouf ! nous sommes arrivés. Quoique la Torre degli Ansinelli n'ait que trois pieds et demi d'inclinaison, lorsqu'on touche le sommet et que l'on plane dans l'air, il vous semble que cette fois... la tour chancelle, qu'il a suffi de votre poids pour déterminer sa chute, que votre dernière heure est venue, et qu'enfin vous allez être, que vous êtes entraînés dans sa ruine... Vous vous accrochez aux créneaux ; vous vous saisissez du paratonnerre qui descend du clocheton, passe près de vous et plonge dans le vide, à côté de l'édifice... Mais rassurez-vous, car vous restez coi sur la plate-forme crénelée, et bientôt, habitué à votre nouvelle position, position élevée, s'il en est, vous vous livrez au plaisir de contempler le plus bel horizon qui se puisse voir...

D'ailleurs, notre guide, pour nous rassurer, nous déclare qu'après le tremblement de terre de 1779, l'inclinaison resta la même. Seulement, en 1813, on remarqua une légère augmentation dans la déviation de la perpendiculaire. C'est un gaillard que notre guide, savez-vous? Vertuchoux! comme il a le grelot bien pendu: Je commence à craindre qu'il ne faille payer fort cher son érudition. D'abord il nous désigne les trois quartiers de la ville, celui du *levante*, celui du *ponente*, et celui du *mezzogiorno* qui se partagent Bologne, avec les *Jardins de Montagnola*, la *Piazza di Armi*, et le *Jardin Botanique*, au nord; les *Ruines de Santa-Cecilia, Santa-Maria-Maddalena, S. Giovani in monte*, à l'est; au sud, *S. Dominico*, la gloire de Bologne, *Santa Lucia* et le *Corpus Domini*; et enfin, au couchant, *S. Salvatore*, et au centre, presque sous nos pieds, la *Piazza Maggiore*, le *Palais du Podestat*, la *Fontaine de Neptune*, *S. Pétronne*, qui devait être la plus grande du monde, puis la *Cathédrale San-Pietro*, l'*Arena del Sole* et le *Theatro*. Ensuite, au-dehors, il nous signale la longue ligne bleue des Apennins qui serpente à l'horizon, dans les profondeurs du couchant, mais dont les premières rampes sortent de terre et s'élèvent gracieusement en amphithéâtre aux portes de la ville, au sud; l'*Eglise San Lucà della Monte*, assise sur un des mamelons de ces ondulations naissantes, et dominant Bologne, comme la Superga de Turin domine la cours du Pô; puis, *San Michaèle in Bosco*, noyé dans la verdure d'une autre colline, mais laissant voir sa face blanche à travers la ramure de ses vieux platanes; et enfin, au loin, éparpillés dans la plaine et le long du Reno, plus de six mille villas épanouies, comme des fleurs, au milieu de la plus riche végétation. Après quoi, voici notre cicérone qui se dandine à la façon de Méphistophélès et qui nous dit dans un élan de verve:

— C'était aux premiers âges du monde... Rien n'existait encore dans... cette plaine immense... que le Reno qui l'arrose, ces premiers renflements des Apennins qui verdoient au soleil, et ces magnifiques territoires de chasse où l'urus, le daim, la gazelle et le sanglier erraient sous la feuillée des bois, comme dans un autre éden, lorsque un roi d'Etrurie, — vous savez, Messieurs, que l'Etrurie, c'est la Toscane actuelle, — s'égara dans cette contrée à la poursuite d'un buffle sauvage. Ce roi se nommait *Felsino*. Le bassin du Reno lui parut délicieux: il y bâtit un *Castellum* autour duquel d'autres demeures vinrent bientôt s'installer et formèrent une bourgade qui prit le nom de *Felsina*. Mais la Gaule avait à la même époque, — quelque chose comme 800 ans avant notre ère, un trop plein dans ses peuplades qui souvent dégorgeait sur les contrées limitrophes. La tribu des Boïens surtout, attirée par le succès d'autres tribus leurs voisines, qui avaient émigré en Italie, passa les Alpes, descendit dans la plaine, et laissant à leurs loisirs les autres Gaulois qui occupaient déjà le nord de l'Italie, vint sans vergogne déposséder *Bona*, le successeur de Felsino, de la bourgage nouvelle qui croissait et se fortifiait dans cette plaine luxuriante, et s'y établissant, comme dans un nid tout fait, lui ôta le nom de Felsina qu'elle remplaça par celui de *Boïona*, qui devint ensuite *Bononica*, et enfin *Bolonia*, la *Bologne* de nos jours.

Sous la domination romaine, de très-florissantes écoles s'établirent à Bologne. Selon certains savants italiens, la fondation de sa première Université, établie par Théodose-le-Grand, remonte à l'an 435 de J.-C. Son Ecole de Droit était particulièrement célèbre, et elle contribua plus fortement que nulle autre école à la restauration du Droit Romain. Le Christianisme s'introduisit dans la contrée dès le premier siècle de l'ère nouvelle. Une église et un évêché furent érigés dans ses murs en 270. Mais à la chute de l'empire romain, Bologne passant sous le joug des Lombards, ces conquérants peu lettrés laissèrent tomber les écoles qui faisaient la gloire de la ville. Heureusement, après avoir détruit la puissance lombarde, Charlemagne rendit quelque splendeur, puis aussi quelque liberté à l'antique cité de Bologne.

— Alors *Libertas!* telle fut sa devise... fit Emile.

— Telle fut!... mais tella n'est plus... sa devise!... ajouta M. d'Alm...

— Hélas ! l'Autriche a remis l'Italie au maillot..., dis-je à mon tour.

A ce nom d'Autriche, notre Cicérone laissa passer comme une ride sur son visage : on eût dit le souffle d'un zéphir plissant la surface d'un lac. Je fis un signe à M. d'Alm... Ce signe voulait dire :

— Cet homme est un mouchard... Attention !

Mais M. d'Alm... ne me comprit pas. Le guide continua :

— Après avoir subi toutes sortes de vicissitudes durant les affreuses luttes pour le partage de l'empire franc, qui précédèrent et suivirent la mort de votre roi, Louis-le-Débonnaire, Bologne, en 962, rejetant toute souveraineté royale, s'érigea en République et institua une véritable commune.

Dans les luttes entre les Guelfes et les Gibelins, après avoir longtemps gardé la neutralité, Bologne se déclara enfin pour les premiers. Cela devait être : la forme de la constitution bolonaise, d'abord aristocratique, était devenue démocratique au commencement du XIIIe siècle, comme le devinrent, du reste, la plupart des Républiques Italiennes.

Mais ce n'était pas assez de cette guerre que l'on peut appeler étrangère : des luttes intestines allaient déchirer Bologne. L'Université, l'une des premières de l'Europe, comme je vous l'ai dit, prétendait n'être justiciable que d'elle-même : ses écoliers formaient ainsi une nation dans une nation. Au XIVe siècle, un de ces écoliers ayant violé le domicile d'un citoyen pour y consommer le rapt d'une jeune fille, le Podestat prétendit connaître de l'affaire, et le coupable, jugé, condamné, eut la tête tranchée. Aussitôt l'Université, en corps, quitta la ville, avec tous les écoliers; et, pour obtenir qu'elle revînt à Bologne, de Sienne où elle s'était établie, l'Etat dut céder. Le Podestat fit même des excuses publiques, et l'Université ne rentra qu'après avoir obtenu de nouvelles immunités.

Cependant entourée de Républiques, gibelines encore, Bologne avait à soutenir une multitude de petites guerres, mais la Ligue Lombarde se constituant bientôt, elle s'empressa d'y accéder. Alors, dans un long et sanglant démêlé du parti populaire et de la domination des empereurs d'Allemagne, les Bolonais eurent un succès qu'enregistra l'histoire. L'empereur Frédéric II avait un fils naturel, que l'on nommait *Enzo*, *Entius* ou *Hans*. Son père, après lui avoir donné pour femme la veuve d'Ubaldo Visconti, qui eut pour dot l'île de Sardaigne, l'en avait fait roi. Entius, voyant Frédéric serré de près par les Guelfes et les Papes qui combattaient pour la même cause, avait pris les armes et s'était signalé en se rendant maître d'une partie du Milanais, avec l'aide des Gibelins. Mais à la bataille de Fasalta, en 1247, bataille qui fut meurtrière et donna la victoire aux Guelfes, Entius tomba au pouvoir des Bolonais. Le jeune prince, à la fleur de l'âge encore, — il n'avait que vingt-cinq ans, — conduit à Bologne, fut enfermé dans la plus belle salle du palais du Podestat, sur la Piazza Maggiore. Cette salle prit dès-lors le nom de *Sala del Re Enzio :* je vous la ferai voir. Elle est fort intéressante à connaître, car l'infortuné prisonnier y passa vingt-deux ans de sa vie, et y mourut à l'âge de quarante-sept ans. Heureusement pour lui, une jolie bolonaise, *Lucia Vendagoli*, ne passa pas un seul jour sans venir répandre des pleurs sur le pauvre captif, et lui offrit les douceurs d'une amitié que le temps n'affaiblit jamais. Elle fut pour Entius ce que fut pour votre Charles VI, devenu fou, la belle et généreuse Odette de Champsdivers.

— Vous connaissez l'histoire de France? dis-je au guide.

— Je connais un peu celle de tous les peuples... répondit-il.

— Mais plus particulièrement encore celle de... l'Autriche? ajouté-je.

— Que voulez-vous dire, Monsieur? fit notre homme ému, et passant du blanc au rouge.

— Je veux dire que vous êtes... né en Autriche. Cela se voit... et de reste. Votre accentuation et... votre costume me le disent... répondis-je: Mais il y a des Autrichiens à Paris, on peut bien en trouver à... Bologne!..

Le guide, adouci par cette réponse et ne voyant dans mon regard aucune hostilité, reprit son récit:

— Dans le même siècle, un riche citoyen de Bologne, *Romeo Pisoli*, forme le projet d'asservir sa patrie, d'y établir une de ces tyrannies qui alors s'élevaient de toutes parts sur les ruines des Républiques Italiennes, et de régner sur ses concitoyens. Mais cette conspiration liberticide échoua. Presqu'en même temps la faction des Gibelins, ayant à sa tête les *Lambertazzi*, prétendit livrer Bologne à l'empereur d'Allemagne ; aussitôt la faction Guelfe, dirigée par les *Gieremée*, appelant à son aide un légat du Pape, lui donna la seigneurie de la ville et son territoire. C'était en 1327. Toutefois le légat fut bientôt repoussé par de généreux citoyens, à cause de son despotisme ; et alors les Bolonais, reconquérant leur liberté, mirent à sac et rasèrent la citadelle qu'on avait élevée pour les opprimer, et dont on se servait pour leur imposer un joug insupportable.

Hélas ! cet élan de liberté n'eut guère de durée...

En 1337, la république tombe sous la domination de *Taddeo Pepoli*, qui revêt son usurpation de quelques formes légales ; mais sa tyrannie devient tellement affreuse, que Bologne ne doit y échapper qu'au prix des plus grands malheurs. D'une part, le Saint-Siége veut l'asservir, et son armée ravage cette belle plaine qui s'étend sous vos regards ; de l'autre côté, les condottieri de Pepoli, sous prétexte de la défendre, commettent toutes sortes d'exactions dans cette pauvre cité. En 1350, le Pepoli porte même l'audace jusqu'à vendre Bologne à Jean Visconti, le tyran du Milanais, et, après la vaine résistance de ses habitants, *qui ne veulent pas être vendus*, dit une chronique du temps, le neveu de Visconti, le farouche *Oleggio*, entre en maître dans ces murs, à la tête d'une armée... Alors il se trame dans l'ombre un complot contre le duc de Milan. Hélas ! cette conspiration se découvre, et trente-deux citoyens des premiers de la ville sont décapités par la main du bourreau, sur cette même Piazza Maggiore que vous voyez s'ouvrir, là, sous vos pieds. Puis la population tout entière est désarmée.

Mais dans le moment même où l'on châtie de la sorte les Bolonais, la nouvelle se répand qu'une armée du Pape s'avance contre Bologne. En effet, elle se montre bientôt, au sud-est de la ville, dans cette partie de la campagne qui s'étend au-delà de la Porta Maggiore que l'on appelle aussi la Porte de Rome, car elle ouvre sur la route qui conduit à cette ville. Aussitôt, pour comble d'humiliation, les Bolonais, armés de bâtons, sont poussés avec violence contre les troupes romaines ; seulement à l'heure de la mêlée, on échange ces bâtons contre des armes ; puis, tout après la victoire, ces armes leur sont reprises... Infortunée Bologne, à quel degré de misère tu étais réduite !

Un jour, il prend fantaisie à messire Oleggio de se proclamer souverain de Bologne à la place de son oncle. Grande colère de Jean Visconti ! Le duc de Milan de courir sus au traître. Oleggio, désespérant de défendre son usurpation, vend au Pape sa souveraineté. Celui-ci, devenu seigneur de la ville, veut à son tour la vendre au marquis d'Este, Obizzo III ; mais *Taddeo Azzognidi*, indigné de marchés qui disposent des Bolonais comme des pièces de bétail, appelle ses concitoyens à la rébellion, et *Libertas* redevient un instant la devise de Bologne.

Je dis un instant, un instant trop court, hélas ! car le chef d'une faction, *Giovanni Bentivoglio*, que l'on croit issu du roi Entius, par Lucia Vendagoli, appelle à lui le duc de Milan, s'empare de l'autorité, et règne en despote. Aussitôt Galéas Visconti, qui a succédé à Jean depuis peu, et qui s'attend à occuper Bologne, trahi dans son calcul, s'avance contre Bentivoglio, promet aux Bolonais leur liberté, s'ils s'unissent à lui contre leur tyran, et, triomphant de Bentivoglio, rend en effet Bologne au régime républicain.

— Que de vicissitudes ! que de révolutions ! m'écriai-je. Oh ! mille fois malheur à ceux qui se font ainsi un jouet de la vie des peuples !

— Ce n'est pas encore tout, Monsieur, continue notre cicérone. Nous ne sommes qu'en 1403 ! A cette époque, Bologne se donne au Pape ; puis elle se rachète ; puis elle essaie de reprendre ses formes démocratiques ; puis encore elle retombe sous le joug des Bentivoglii ; et enfin elle redevient le domaine du Saint-Père, et tout cela en vingt-cinq années !

Nouvelle révolution républicaine, en 1428, et nouvelle tentative du Pape, terminée par un traité, qui partage la souveraineté entre la seigneurie et le Pape. Mais voici que Bologne échappe encore au Saint-Siége en 1438. Cette fois elle tombe aux mains d'un autre tyran, *Piccinino*. Puis, en 1445, une convulsion violente la replace sous le despotisme des Bentivoglii, qui la gouvernent jusqu'en 1505. Alors le Souverain Pontife, *Jules II*, la range définitivement sous l'obéissance du Saint-Siége, tout en lui rendant une sorte de gouvernement démocratique.

A dater de cette époque, Bologne ne compte plus parmi les Etats indépendants de l'Italie ; et si elle fait quelques tentatives pour recouvrer une liberté tant de fois perdue, rudement châtiée de ces velléités d'indépendance, elle ne doit pas tarder à se soumettre complétement.

— Heureusement Bologne domine tout ce triste passé historique comme ville d'Ecole et d'Université, dit M. d'Alm... Sous ce rapport, aucune cité n'a brillé ni plus longtemps, ni d'un plus vif éclat.

— Ajoutez, dis-je, que sous la domination papale, l'antique Bologne devint célèbre à un autre titre, car les amis de l'art citent parmi les plus fameuses écoles de peinture l'Ecole Bolonaise, dont le *Dominiquin*, les *Carrache* et bien d'autres artistes éminents font la gloire (1).

— Aussi Bologne est-elle sans cesse visitée par le savant et l'artiste qui viennent rendre hommage à un passé dont elle a conservé de nombreux monuments, et aux chefs-d'œuvre qui décorent son musée, achève notre Emile.

En ce moment, des cloches commencent à bourdonner dans la ville, et leurs joyeux carillons planent dans les airs. C'est la messe qui sonne dans les nombreuses églises, et nous voulons l'entendre dans l'antique basilique de Saint-Pétrone, sur la Piazza Maggiore. Il s'agit donc de descendre, et ce

---

(1) *Domenico Zampieri*, né à Bologne, en 1581, était fils d'un cordonnier Il se forma à l'École des *Carrache*, à Bologne, où il se lia avec l'*Albane*, puis se rendit à Rome. Ce fut dans cette dernière ville qu'il exécuta son premier tableau, *Adonis tué par un Sanglier*. Peu de temps après, il peignit son beau *Saint-André*, qu'il composa en rivalité avec le Guide, et sa *Communion de saint Jérôme*, où il s'est montré fidèle au principe de son maître Annibal Carrache, qui n'admettait pas plus de douze figures dans une composition. Le *Dominiquin*, car ce fut le nom que l'on donna à Dominico, exécuta ensuite, à Bologne, la *Vierge du Rosaire*, et son *Martyre de sainte Agnès*. Puis il revint à Rome, où il produisit de nouveaux chefs-d'œuvre, qui soulevèrent contre lui une foule d'envieux. Enfin, appelé à Naples, pour orner à fresque la Chapelle de saint Janvier, il essuya dans cette ville les mortifications les plus humiliantes et y mourut en 1641, empoisonné, selon quelques historiens. On a refusé au Dominiquin l'invention : par son dessin exact et expressif, par son coloris vrai, il s'est placé au premier rang, après *Raphaël*, le *Corrège* et le *Titien*. On estime surtout ses peintures à fresque.

Carrache Louis, né à Bologne, en 1554, et mort en 1619, fut élève du *Tintoret*, le brillant artiste de Venise, et devint le maître d'*Augustin* et d'*Annibal Carrache*, ses deux cousins. Il fonda, à Bologne, de concert avec ces deux derniers, une Académie de peinture, dite des *Incamminati*, qui avait pour principe d'allier l'observation de la nature à l'imitation des meilleurs maîtres ; et bientôt il appliqua cette doctrine dans un magnifique tableau : *La Prédication de saint Jean-Baptiste*. Les plus beaux tableaux de cet artiste sont à Bologne. Il excelle par l'élévation et le grandiose, mais laisse à désirer relativement à la couleur et au dessin.

Augustin Carrache, cousin du précédent, était né à Bologne, en 1558, et mourut à Parme, en 1601. Il s'est illustré surtout par un tableau intitulé la *Communion de saint Jérôme*, regardé comme un chef-d'œuvre. Augustin aida son frère *Annibal*, dans une partie des travaux de la galerie Farnèse. Il est célèbre comme graveur. Il a composé pour l'Académie de Bologne un *Traité de Perspective et d'Architecture*.

Annibal Carrache, frère d'Augustin, né à Bologne, en 1568, et mort à Rome, en 1600, est regardé comme le plus fameux de la famille. Ses principaux ouvrages sont : *Saint Roch distribuant ses richesses aux Pauvres*, les *Peintures du Palais Farnèse*, le *Silence* et l'*Apparition de la Vierge à saint Luc*. La manière d'Annibal est surtout remarquable par le grandiose, l'élévation et la noblesse.

n'est pas la moindre chose, car... dominer un gouffre d'une hauteur de trois cent soixante seize pieds !... et sur un misérable escalier de bois, à jour ! J'entends le guide qui, en homme consciencieux, dit à mes compagnons :

— En 1796, vos braves soldats de France se sont emparés de Bologne, et en 1799, les Autrichiens la reprirent. Mais la victoire de Marengo vous la rendit encore, et alors elle devint le chef-lieu du département du Réno. Puis 1815 la restitua au Saint-Siége. Quand la révolution de 1848 éclata, Bologne se mit en insurrection comme Paris, et, pendant dix jours, les Bolonais soutinrent une lutte courageuse contre *nos*... contre les troupes autrichiennes... Depuis ce temps...

— Depuis ce temps, fait malicieusement Emile, qui a saisi au passage le *nos* échappé au guide, et qui commence à deviner que notre cicerone n'est autre chose qu'un espion de la police allemande, depuis ce temps les Autrichiens sont plus détestés que jamais, et leur foi punique sera cause qu'à un moment donné, les traités de 1815 seront déchirés et l'Allemand obligé de déguerpir du beau pays de l'Italie. Voilà !

Mais je n'écoute plus, car j'ai pris l'avance... et je mesure d'un regard anxieux et défiant la profondeur de la tour ; le trop vaste encadrement des quatre murailles qui la composent ; l'escalier si bien éclairé par mille petits jours ; sa position presque perpendiculaire ; l'absence de toute rampe, et l'horrible vide, le vide affreux, béant, tout prêt à m'engouffrer, si je trébuche... Cependant j'ai hâte de descendre avant que mes amis ne surviennent, car je crains leurs railleries s'ils sont témoins de mon embarras, et puis la prestesse de leur allure les fera me devancer, et j'aimerais mieux qu'ils ne me vissent pas rampant sur cette échelle que l'on a l'audace d'appeler un escalier. Notez qu'elle est vermoulue, cette échelle qui serpente en un zig-zag interminable ! Si j'avais son acte de naissance, je vous donnerais la preuve qu'elle remonte à l'époque de la fondation de la tour. Et cette tour qui penche depuis si longtemps, si dans ce moment elle s'avisait de s'écrouler ! ou plutôt encore, si mes compagnons, en survenant avec le guide, par leur poids réuni au mien, déterminaient sa ruine définitive ! Ces pensées et bien d'autres font battre le cœur. Enfin il le faut, aventurons-nous... Une marche, deux marches, trois mar... Oh ! la tête me tourne : le vide me fascine ; le vertige s'empare de moi ; je plonge mes ongles dans les interstices de la muraille. Alors me vient l'idée de tenter une nouvelle façon de descendre, sans rien regarder : c'est d'aller à reculons, en fermant les yeux, et en m'attachant des mains à chaque marche. Cela réussit. Dix degrés, vingt degrés, trente sont descendus de la sorte. Mais, hélas ! voici mes drôles, comme une grosse cavalerie, qui... ne descendent pas, mais... dégringolent, roulent comme une avalanche. A peine font-ils attention à ma peine, car je me suis redressé comme un homme qui reprend haleine ; mais ils ébranlent la tour qui chancelle sur sa base, tant leurs évolutions sont rapides. Je les suis, les yeux fermés, le cœur battant, la fièvre dans le sang, à la façon de l'écrevisse, et enfin, bref, j'arrive sur le seuil de la bienheureuse logette crènelée du concierge. Je l'aurais volontiers baisé..., le seuil ! Je me contente de l'arroser de mes sueurs. Après quoi, congédiant notre guide qui, généreusement payé pour ses frais d'éloquence, veut mettre ses jambes à notre service pour le reste du jour, nous atteignons la Piazza Maggiore, et nous entrons dans l'église de Saint-Pétronne.

C'est une très-vaste place carrée que cette *Piazza Maggiore* que je vous ai nommée plusieurs fois déjà, mes chers amis ! Mais elle a surtout ceci de curieux que Forum ou Agora de Bologne au moyen-âge, elle conserve encore la physionomie de cette époque.

D'un côté s'élève le *Palazzo Publico* ou *del Governo*, ouvrage du xiii° siècle, dont l'architecture primitive a subi quelques transformations, et que surmonte une haute tour carrée, avec beffroi du xv° siècle. Sur la façade on voit une Madone en terre cuite dorée, œuvre de *Nicolo dell'Arco*. Une statue de bronze, assise et la mitre en tête, décorant, en outre, la porte d'entrée, représente saint Pétronne, le patron de la ville, et a pris la place d'une autre statue, celle du pape Grégoire XIII. Un grand escalier, de *Bramante*, conduit à l'intérieur, dans la galerie d'Hercule, ainsi nommée d'une statue de ce héros qui en fait l'ornement, et qu'a signée *A. Lombardo* ; et dans la salle Farnèse où l'on trouve le portrait de Paul III et des peintures de *Cignani* et de *Scarammunica*.

De l'autre, en équerre, apparaît le *Palazzo del Podesta*, antique édifice de 1201, avec une façade de 1485, d'après les dessins de *B. Fioravanti*. Ce monument porte pour couronne une tour fort curieuse, la *Torrazo dell'Aringo*, au millésime 1264, dont chaque face montre les statues des quatre protecteurs de la ville, mais en terre cuite. Elles sont de *Alfonso Lambardo*. C'est dans la grande salle de cette demeure, habitée jadis par le chef suprême de la république bolonaise, que fut captif et mourut le roi Entius, dont nous parla notre guide. Après avoir servi de prison à Entius, de 1250 à 1272, cette même Sala del Re Enzio devint la salle dans laquelle eut lieu le conclave pour l'élection de Jean XXII, ce pape français, né à Cahors sous le nom de Jacques d'Euse, en 1280, et qui, après Clément V, fut le second évêque de Rome qui résida dans Avignon. Lorsque nous la visitons pour y chercher les souvenirs dont elle est pleine et y revoir les images d'Entius et de Lucia Vendagoli, nous la trouvons envahie par une légion de peintres en décors. Il paraît qu'en effet ce vaste local, immense parallélogramme dont le plafond laisse voir les antiques solives de cèdre et qui rappelle le Salone de Padoue, est tour à tour salle de spectacle, jeu de ballon et atelier, selon les circonstances. Nous y trouvons encore une fort belle peinture de *J. Pauli*, l'Annonciation.

En face du Palazzo Publico, le regard s'arrête avec complaisance sur un fort beau portique, le *Portico de Banchi*, ouvrage de *Vignole*, à la date de 1562. Mais pour mieux jouir de la vue de cette sorte de halle, il faut s'éloigner de sa base en se rapprochant du Palais Public, car alors apparaît la coupole de l'Eglise Santa Maria della Vita, temple fort élégant, situé près de là, qui semble couronner le portique.

Enfin, en regard du Palazzo del Podesta, figurez-vous un groupe de huit ou dix églises de toutes formes, de tous styles et de toutes grandeurs, et vous aurez l'image de ce qu'était autrefois la Piazza Maggiore. Mais au temps que le mot *Libertas* flottait écrit en lettres d'or sur les étendards de Bologne, c'est-à-dire vers 1388, six cents Bolonais réunis en conseil dans la Sala del Re Enzio, décidèrent d'élever à Bologne, au centre de la cité, une église dédiée à saint Pétrone, qui aurait de longueur six cent huit pieds, une largeur de vaisseau transversal de quatre cent trente-six, une coupole centrale octogone de cent dix de diamètre, une hauteur de quatre cents de la base à la lanterne terminale, et de deux cent cinquante sans cette lanterne. A l'intérieur, elle devait contenir cinquante quatre chapelles, et, à l'extérieur porter vers les cieux quatre tours majestueuses. Alors, pour élever cette basilique splendide, on rasa les huit ou dix églises faisant le pendant du Palazzo del Podesta, et quand l'espace, — un espace immense, — fut approprié à sa destination, on posa la première pierre. Cette grande cérémonie mit sur pied tous les Bolonais. Elle eut lieu le 7 juillet 1390, par les mains et sur les plans d'*Antonio Vicenzi*, ambassadeur de Venise, l'un des Riformatori, et celui qui devait remplir les fonctions d'architecte.

Vous le voyez, mes chers amis, la *Basilique de Saint Pétroné* devait surpasser en grandeur toutes les constructions que l'on avait vues jusqu'alors.

D'ailleurs saint Pétrone, comme patron de la cité, avait l'amour de toute la population. Fils du préfet du Prétoire à Rome, après avoir traversé nupieds les déserts de l'Orient et prêché l'Evangile en Egypte et en Palestine, il était venu à Bologne, la plus éprouvée des villes de l'Italie du nord par le passage des Goths d'Alaric, et par celui de Radagaise, roi des Huns, et alors il avait travaillé à la tirer de ses ruines. Il en reconstruisit toutes les églises qui avaient été détruites par les Barbares : il en releva les murailles d'enceinte abattues et rasées ; il rendit le calme et l'aisance à la population. Aussi c'était avec bonheur que l'on élevait l'église que l'on consacrait à saint Pétrone, mort à Bologne, qui en conserve précieusement les reliques, et ce fut avec enthousiasme que le 4 octobre 1392, alors que le nouveau temple possédait déjà quatre chapelles complétement terminées, qu'une première messe solennelle y fut célébrée, le jour de la fête du saint.

Mais, hélas ! depuis cette époque, l'édifice ne s'éleva plus que lentement, fort lentement, par suite des dissensions et des guerres qui pesaient sur Bologne, et, en 1659, on l'interrompit même tout à fait, de sorte que cette vaste construction n'a pas atteint son vaisseau transversal. Tel qu'il est cependant, on lui donne trois cent quinze pieds de longueur, en y comprenant le chœur, et, avec les chapelles, cent quarante-sept de largeur.

Néanmoins, toute incomplète qu'elle est, la basilique de Saint-Pétrone a des beautés remarquables. Son portail est loin d'être achevé, mais sa partie inférieure est enrichie déjà de fort belles sculptures, dont les sujets sont empruntés aux drames bibliques, et offrent d'admirables bustes de Sibylles et de Prophètes. Les deux portes latérales, sans avoir la finesse et la suave beauté de la porte principale, sont décorées de charmantes sculptures dues au talent de *N. Tripolo,* aidé des conseils de Benvenuto Cellini, son ami dévoué, et du ciseau de ses meilleurs élèves. Mais la porte centrale est une œuvre grandiose et magistrale de *Jacopo della Quercia,* à la date de 1425. Cet artiste, paraît-il, consacra douze années de sa vie à ce grand travail, et trois mille six cents florins d'or furent sa récompense. On y remarque spécialement Adam et Eve. La statue en bronze de Jules II, de dix pieds de haut, modelée par *Michel-Ange* et exécutée par *A. Lombardo,* couronnait l'imposte en 1508. Mais après la débâcle de la ligue de Cambrai, et la trahison du pape à l'endroit de notre roi Louis XII, les troupes du Saint-Père ayant été battues sous les murs de Bologne, par les Français, le peuple de Bologne, en 1511, à la rentrée des vainqueurs dans leur ville, jeta bas cette statue et la brisa. Elle avait coûté cinq mille ducats d'or : la dépense ne fut pas perdue ; on utilisa les débris de la statue en les transformant en une pièce d'artillerie qui reçut le nom de *la Julienne.*

Saint-Pétrone est de style gothique italien. Trois grandes nefs s'ouvrent en face du touriste, et son regard plonge, à droite et à gauche, dans les profondeurs mystérieuses de chapelles latérales. Je ne vous signalerai pas les innombrables sculptures, les peintures et les bas-reliefs de cette Basilique, dont toutes les murailles disparaissent sous les tableaux, les fresques et les grisailles reproduisant les actes de la vie du saint. Je me contenterai de vous dire que le fond du chœur présente à lui seul une immense et splendide fresque de *Fransceschini*; j'ajouterai que le maître-autel est formé d'un baldaquin soutenu par des colonnes de marbre, style du xvi° siècle, ouvrage d'*Annibal Nanni*, élève du Florentin Donatello. Enfin je terminerai en vous citant, comme motif romanesque, un bas-relief que l'on retrouve dans la Reverenda-Fabrica, le Trésor de l'Eglise. Ce bas-relief, d'une finesse de touche qui a su parfaitement assouplir le marbre et l'animer, représente l'histoire de Joseph dans le palais de Putiphar. On dit que c'est l'allusion à ses plus intimes affections de la belle et jeune artiste, *Prospizia Bossi*, tout à la fois peintre, sculpteur, graveur et musicienne, qui, mal appréciée par un Bolonais, burina ce chef-d'œuvre, et mourut ensuite, épuisée par son chagrin, à la fleur de ses ans, en 1530.

L'office terminé, et notre visite faite aux merveilles de Saint-Pétrone, nous sortons, lorsqu'Emile me fait remarquer un point lumineux qui perce la voûte et, traversant l'espace en un brillant rayon de soleil, vient marquer midi sur une ligne de cuivre incrustée dans les dalles de l'Eglise. Ce n'est autre chose que le méridien tracé en 1653 par l'illustre astronome *J. Cassini*, professeur à Bologne, naturalisé Français sous Colbert, en 1669, membre de notre Académie des sciences et mort à Paris, en 1712.

Je ne dois pas quitter Saint-Pétrone sans vous apprendre que les travaux de cette belle église, repris en 1853, sont en pleine activité.

En sortant de l'église, dans le prolongement de la Piazza Maggiore, entre le Palais Public et celui du Podestat, à l'entrée d'une grande rue, on voit une fontaine monumentale qui a le plus bel air. C'est la *Fontana Publica*. Un Neptune d'une grande tournure la domine, et quatre Sirènes, dont les mamelles font jaillir une eau limpide dans les vasques qui les supportent, l'accompagnent. Cette œuvre mythologique, exécutée à l'époque où saint Charles Borromée était légat de la ville, est due au ciseau de *Jean de Bologne*, sculpteur français, né à Douai, en 1524, et qui alla de bonne heure à Rome pour y étudier les grands maîtres. Ayant un jour présenté à Michel-Ange un modèle où il avait mis tout le fini dont il était capable, celui-ci le brisa en lui disant qu'il fallait apprendre à ébaucher avant que de finir. Touché de cet avis, Jean redoubla d'efforts et devint un des meilleurs sculpteurs de l'Italie. Il se fixa à Bologne, dont il prit le nom, et où il exécuta quantité de chefs-d'œuvre. C'est à lui que nous devons le cheval de bronze qui porte la statue de Henri IV, sur le Pont-Neuf de notre Paris.

Après ce début de notre journée du dimanche, vous comprenez que le repas du matin est le bien venu. Vous savez que nous sommes ici dans la patrie des saucissons, gros et petits, *mortadelle e cotichini*. Aussi décorent-ils notre table du déjeûner. Mais nous les négligeons pour faire honneur à de succulents *tortellini* et de délicieux *capelletti*. Ce sont des pâtés remplis de hâchis de graisse de bœuf, de jaunes d'œufs et de parmesan, les premiers, et les seconds de hâchis de volailles. Nous faisons aussi très-volontiers connaissance avec le boudin mêlé de raisin sec et de pignons. Par exemple, vive le *lattemiolle!* c'est une crême fouettée fort délicate et d'un goût exquis. Quant aux fruits, oh! parfaits! surtout le raisin, que dore le soleil d'Italie sur les collines pittoresques de Bologne. Aussi l'appelle-t-on *uva Paradisi*, le raisin du Paradis! Il paraît que ce raisin ne se ride qu'en avril et brave l'hiver et les voyages. On raconte que le sénat de Bologne en faisait présent de plusieurs paniers, chaque année, à l'empereur d'Allemagne, Charles VI, et que ce prince en était très-friand.

Puisque je viens de vous parler de la basilique de Saint-Pétrone, avant de continuer le récit de notre excursion artistique aux curiosités de premier ordre, et pour n'avoir plus à revenir sur ce chapitre des églises, je devrais vous conduire à *San-Pietro*, la cathédrale, à quelques pas au nord de Saint-Pétrone, et vous y faire voir la belle fresque de la coupole, représentant l'Annonciation, dernier et splendide ouvrage de *Louis Carrache ;*

Puis, près de là, encore au nord, à côté du grand théâtre, rue Saint-Donato, vous montrer les ruines de *Santa Cecilia*, pauvre et belle église abandonnée depuis cinquante ans, devenue un passage en 1805, et vous y signaler, avant qu'elles ne s'effacent tout à fait, les précieuses peintures à fresque qui en étaient la gloire, car elles sont signées *F. Francia*, ce brillant artiste né à Bologne en 1460, et dont le style tient à la fois de celui de Pérugin et de celui de Jean Bellini, avec lesquelles Raphaël les compare. Malheureusement les Français d'abord, et ensuite les insurgés de 1848, dégradèrent ces peintures. Mais au moins Bologne devrait-elle avoir à cœur de sauver et de faire revivre ces belles pages de l'un de ses fils dont la renommée rejaillit sur elle.

Je devrais aussi vous mettre en face, dans l'Eglise *Corpus Domini*, des fresques de la coupole, par *Franceschini*, et de l'œuvre capitale de *Louis Carrache*, l'Apparition du Christ à Marie, et les Apôtres au Tombeau de la Vierge ; et enfin vous promener dans les soixante ou quatre-vingts Eglises de Bologne, qui toutes ont quelque curiosité spéciale à exhiber aux regards ;

Mais, en vérité, ce serait vous imposer une fatigue extrême, que nous partageons en quatre journées, nous, voyageurs habitués à la peine. Et d'ailleurs, à quoi bon vous donner le catalogue de toutes les églises et les noms de tous les peintres qui ont employé leur talent à les décorer, quand toutes les villes de l'Italie offrent aux regards les plus belles églises, présentent toutes à l'admiration des œuvres d'art plus ou moins remarquables ? J'aime mieux vous parler d'une merveille enfin, entourée d'autres merveilles qu'elle fait pâlir, parce qu'elle est signée du grand nom de *Raphaël Sanzio* ; c'est vous nommer la Sainte-Cécile, écoutant, dans une extase divine, la musique céleste exécutée par les anges !

Pour aller au musée, à l'*Academia delle Belle Arti*, comme on dit en Italie, il faut passer au pied de la Torre degli Asinelli, prendre là la Strada san Donato, la descendre jusqu'au Borgo della Paglia, et, à l'angle de la rue, tourner à gauche. On a immédiatement l'entrée du musée devant soi. Ainsi faisons-nous. Nous pénétrons dans le *Pinacothèque*, c'est-à-dire la Galerie des Tableaux : grâces à Dieu ! nous y sommes seuls....

En 1515, une dame de Bologne, Helena d'All'Olio Duglioli, de cette famille Bentivoglio descendant du roi Entius, par Lucia Vendagoli, dont notre guide nous a parlé, et qui eut les honneurs de la canonisation comme récompense de sa vie sainte, commanda une sainte Cécile à Raphaël. Raphaël était jeune alors. Il se mit à l'œuvre, et, sa peinture faite sur bois, il envoya son travail à son ami Francia, alors la gloire de Bologne, en le priant de faire les corrections qu'il jugerait nécessaires. A l'apparition du tableau, Francia fut saisi d'une telle admiration que la fièvre le prit. Il en mourut. Le tableau resta ce que l'avait fait Raphaël. Seulement, comme cette admirable peinture vint à Paris, lorsque Napoléon Ier conquérait le monde, on la transposa sur toile dans le Louvre, et Bologne la possède comme on la lui a rendue. C'est en face de cette toile que nous nous hâtons d'arriver. Un profane de ma trempe ne peut se permettre d'exprimer son jugement. Souffrez que les hommes compétents parlent à ma place.

D'abord Vasari, écrivant sur ce chef-d'œuvre, s'écrie : « Tavola divina e non dipinta ! » *Ce n'est pas une peinture, c'est le travail de Dieu !*

Dans ses *Musées d'Italie*, M. Viardot dit à son tour : « Partout où Raphaël se montre, il domine, il triomphe, il règne. La sainte Cécile qu'il a représentée en extase, écoutant une musique céleste, et laissant tomber le petit orgue qu'elle tenait dans ses mains, la sainte Cécile entourée de l'apôtre saint Paul, de l'évangéliste saint Jean, de saint Augustin et de Marie Madeleine, est trop connue pour qu'il faille autrement la désigner : elle n'a pas plus besoin de description que d'éloge. Je ferai seulement une observation...

Lorsqu'on entre pour la première fois dans la Pinacothèque, et qu'on est tout ébloui par ce coloris éclatant, ces prodigieux effets de clair-obscur familiers aux Bolonais, le tableau de Raphaël, avec sa couleur un peu sombre et briquetée, ne cause pas d'abord toute l'admiration qu'il mérite. C'est au retour, lorsqu'on a vu les galeries de Florence, les chambres du Vatican, etc., c'est alors qu'on rend pleine justice au *divin jeune homme*, et qu'on reconnaît son incontestable supériorité, même entre les plus belles œuvres du Guide et du Dominiquin...

Je vous ai dit que cette merveille avait pour auréole d'autres merveilles. Ce sont d'abord les trois plus vastes compositions du *Dominiquin* : le Martyre de sainte Agnès, la Notre-Dame du Rosaire, et le Meurtre de saint Pierre de Vérone. Les deux premières ont eu les honneurs du voyage de Paris.

M. du Pays, dans son *Itinéraire en Italie*, dit du Martyre de sainte Agnès : « La figure de la sainte est illuminée par une céleste expression d'extase et de résignation qui contraste avec l'effroi de la foule. Mais on reproche avec raison à cette composition d'être une scène froide et théâtrale. La peinture a de la lourdeur, et la distribution de la lumière et le coloris manquent d'harmonie...

M. Viardot écrit sur la Notre-Dame du Rosaire : « Le vieillard enchaîné qu'on voit au premier plan du tableau est assurément un chef-d'œuvre d'expression vraie, profonde et pathétique. Il ne manque à cette composition allégorique qu'un peu plus de bon sens et de clarté : mais il faut dire, pour excuser Dominiquin, qu'elle lui fut demandée, etc. »

« Quant au Meurtre de saint Pierre de Vérone, ajoute-t-il, c'est un tableau d'une effrayante vérité. Le Saint, abattu sous les coups de l'assassin, et son compagnon qui s'enfuit plein d'épouvante, ont toute la vie et tout le mouvement qu'il est possible de fixer sur la toile... »

Ce sont aussi et la Notre-Dame de la piété, et la Vierge dans sa gloire, ou le Pallium, dus au pinceau du *Guide*. *Guido Reni*, savec-vous? est un autre peintre célèbre de Bologne. Né en 1575, le Guide fut l'élève des Carraches. Il eut pour protecteur le pape Paul V qui l'appela à Rome, alors que son talent était bien démontré. L'artiste y rencontra Caravage dont le genre était opposé au sien (1), et qui lui voua une haine éternelle. Il n'opposa à cette

(1) *Caravage* est le nom de deux peintres célèbres, ainsi nommés du bourg de Caravaggio, dans le Milanais, où ils étaient nés. Le plus ancien, *Potidoro Caldara*, né en 1495 et mort en 1543, servit d'abord comme manœuvre dans l'atelier de Raphaël. Il conçut du goût pour

inimitié que la douceur et la modération. La richesse de la composition, la correction du dessin, la grâce et la noblesse de l'expression, enfin la fraîcheur du coloris distinguèrent tous ses travaux. Malheureusement la passion du jeu s'empara de lui, et quoique comblé des faveurs de Pie V, le Guide mourut dans la misère, en 1642.

Nous sommes en face de sa Notre-Dame de la pitié, immense composition, tableau fort original, daté de 1616, et commandé par le sénat de Bologne, comme témoignage de reconnaissance vis à vis de la Vierge. La peinture est divisée en deux parties superposées. Dans le compartiment du haut se montre le Christ mort, livide, placé sur le sépulcre, entre deux anges qui pleurent, et sa mère qui, du milieu, domine l'ensemble. Dans le compartiment du bas, saint Pétrone, saint Dominique, saint Charles-Borromée, saint François-d'Assises et saint-Procule, figures colossales, costumes variés, s'agenouillent, prient et tombent en extase. Plus bas encore, vue de Bologne, avec ses bastions, ses murailles du moyen-âge et ses tours penchées qui la commandent. Ce grand ouvrage, dit encore M. Viardot, réunit au plus haut degré les qualités ordinaires du Guide, noblesse et élégance de composition, vérité et délicatesse de coloris, distribution large et harmonieuse des lumières, enfin tous les mérites d'un style éminemment gracieux, qui était l'opposé et comme la critique de celui de Caravage... »

La Vierge dans sa gloire reçut le nom de Pallium, parce qu'il est peint sur soie et qu'on pouvait le porter en procession lorsqu'une peste éclatait. C'est un spécimen fort curieux de la manière pâle dont usa parfois le Guide.

Vous pensez bien que ces deux peintures ont eu la gloire de figurer dans notre Louvre, titre que les Musées d'Italie ne manquent pas de signaler pour recommander leurs chefs-d'œuvre, si ces chefs-d'œuvre avaient besoin de recommandation.

On était à la fin du XIVe siècle, et déjà les écoles de Milan, de Florence,

---

la peinture en voyant travailler ce grand maître, et fut admis au nombre de ses élèves. Son domestique l'assassina afin de le voler. Il excellait dans le clair-obscur, et avait beaucoup de goût, de noblesse et d'élégance. Il a travaillé principalement à fresque. Le plus célèbre, *Michel Ange Amerighi* ou *Morighi*, né en 1569, commença aussi par préparer la chaux et le mortier pour les fresques. Il devint maître. Il était d'un caractère difficile. S'étant querellé un jour avec le Joseppin, il voulut se battre en duel. Mais Joseppin était chevalier de Malte. Caravage partit pour se faire recevoir chevalier. Il mourut en route, en 1609. Ce peintre imitait la nature et faisait illusion à l'œil en donnant à ses peintures la saillie qu'ont les objets réels. *Le Christ au Tombeau* est son chef-d'œuvre.

de Rome même, ne jetaient plus que des lueurs incertaines : partout l'art tombait en décadence; et le faux, le maniéré devenaient le caractère de l'époque. Toutefois Venise résistait à l'entraînement. Il y eut un homme dont le génie voulut opposer une digue au torrent. Fils d'un boucher de Bologne, personne n'était moins apte à ressusciter l'art qui agonisait. Cet homme néanmoins se mit à l'œuvre. Il avait nom Louis Carrache. D'abord élève de Fontana, qui riait de son zèle, puis sérieux admirateur du maître de Parme, le Corrége, et en dernier lieu, l'un des aides du vieux Robusti, de Venise, on lui donna, dans les divers ateliers où il travailla, le surnom de *Il Bove*, le bœuf! à cause de la difficulté qu'il avait à peindre.

Robusti, ou le Tintoret, si vous aimez mieux, ne comprenait pas que si Louis Carrache avait la lenteur du bœuf, il en avait aussi la force. Carrache, de Venise venu à Florence, y reçut les leçons du sage André del Sarto. Alors le bœuf devint aigle. Avec deux de ses cousins, ouvriers comme lui-même jadis, l'un était tailleur et l'autre joaillier, il créa bientôt une école, dont les trois Carraches furent les premiers membres, mais dont Annibal devint le chef suprême, de par le talent dont le ciel l'avait doué, et de l'aveu de Louis, qui le reconnut pour son maître. Cette école fit la gloire de Bologne, car elle dota la ville des plus beaux chefs-d'œuvre, et les noms des trois Carraches, Louis, Annibal et Augustin se retrouvent ici, au Musée, sur les plus belles toiles qu'il soit donné d'y voir, après celles que je viens de vous signaler.

Il faut en finir, sans cela je vous parlerais aussi de l'*Albane*, le *peintre des grâces*, l'*Anacréon de la peinture*, à qui Bologne encore donna le jour en 1578. Fils d'un marchand de soie, le jeune Francesco Albani, une fois à Rome, devint bien vite le rival du Dominiquin et du Guide. Comme ce dernier, il avait été l'élève des Carraches. Il excella surtout dans les sujets gracieux. Chose fort étrange, on ne possède de lui, au Musée de Bologne, que des sujets de piété. Mais qu'ils méritent bien l'admiration qu'on leur donne !

Je vous ai dit que Bologne avait été de tout temps une pépinière de grands hommes. En voici la preuve : c'est à Bologne que sont nés *Benoît XIV*, le savant pontife qui calma les querelles élevées par la bulle *Unigenitus* au xviiiᵉ siècle; *Manfredi*, de la maison souveraine de Faenza, un Gibelin fameux; *Aldrovandi*, le célèbre naturaliste; le *comte de Marsigli*, l'illustre géographe; *Jean-Baptiste Beccari*, le savant physicien; *Monti*, le poète; *Galvani*, l'inventeur des propriétés électriques que l'on nomme *Galvanisme* etc

Puisque nous parlons de Galvanisme, je vous dirai de suite que dans la Strada San-Donato, qui aboutit à l'Academia delle Belle Arte, nous avons visité, mais un autre jour, le *palais de l'Université*, fondé en 1119, et la plus ancienne de l'Italie, après celle de Salerne. Or, c'est dans une des salles de cet édifice, bâti par *Pellegrino Tibaldi*, aux frais du cardinal Poggi, qu'eut lieu cette brillante découverte des propriétés électriques. Ce fut là aussi, en 1440, que Mondini disséqua le premier cadavre. Nous y parcourons tour à tour la Bibliothèque, qui compte cent cinquante mille volumes, et six mille manuscrits ; la clinique médicale, la clinique chirurgicale, l'amphithéâtre anatomique, la collection pathologique, les musées obstétrique, zoologique, minéralogique, l'observatoire, que sais-je ? Toutes les ressources pour les études les plus étendues s'y rencontrent ; et, pour les mieux voir et les apprécier davantage, nous avons le bonheur de trouver là l'un des professeurs, dont je regrette bien d'ignorer le nom, qui, parce que nous sommes Français, s'empresse de se mettre à notre disposition, et se montre aussi érudit que galant homme. D'ordinaire cette Université compte quatre cents étudiants, et quarante-trois professeurs, soit en théologie, jurisprudence, médecine et chirurgie, soit en philosophie, mathématiques, histoire, philologie, etc.

Nous quittons le musée de Bologne, l'imagination toute pleine des splendeurs dont elle venait de se donner curée, lorsque nous voyons toutes les rues qui convergent à la Porta San-Donato occupées par la foule et décorées d'images saintes, de bouquets de fleurs, de guirlandes de feuillages, de tapisseries et de bannières suspendues à des cordages tendus d'une maison à l'autre. Devant le portail de la petite église Santa-Maria-Maddalena surtout, une masse compacte de curieux obstruait le passage. Enfin on préparait pour le soir une brillante illumination en verres de couleurs. On nous apprit bientôt que c'était fête à l'église, et que la procession allait sortir, parcourir le quartier, et bénir un reposoir placé en avant de la Porte San-Donato. Inutile de dire que nous restons. Par bonheur, le digne Bolonais qui nous renseignait était bavard, et, en outre, c'était un antiquaire. Voyant que, comme étrangers, nous cherchions à connaître les usages et à être témoins de scènes de mœurs, etc., il entra en matière et s'attacha spécialement à moi, pendant que nous gagnions la Porta San-Donato.

— Chaque ville a ses fêtes, ses jeux populaires et ses excentricités, me dit-il ; Bologne, sur ce point, est en arrière, mais jadis elle marchait peut-être au premier rang. Figurez-vous, Monsieur, qu'autrefois, le jour de la Saint-Barthélemy, le 24 août, on célébrait dans cette ville la *Fête de la Pe-*

tite Truie. C'était le palais du Podestat qui en devenait le principal théâtre. Son cuisinier, avant de la cuire, promenait dans la ville une jeune truie enfilée dans sa broche : au milieu de sa promenade, on lui mettait un épervier sur la main gauche, et alors il rentrait à la demeure du Podestat. Ce premier acte était suivi d'une course de chevaux. Un cheval bardé, un épervier, deux chiens de chasse, une carnassière et un bâton pendant à la selle, étaient le prix réservé au vainqueur. Aussitôt ce second acte mis à fin, les trompettes faisaient entendre leurs fanfares, les fenêtres du Podestat s'ouvraient, et le peuple en liesse, les bras tendus et les mains ouvertes, recevait, non sans bataille, la truie, bien rôtie à point, qu'on lui jetait dépecée et par fragments.

— Ce genre de récréation, fort étrange assurément, avait-il donc une signification quelconque? demandai-je.

— Rien de plus respectable que son origine! répondit mon antiquaire. Les Guelfes et les Gibelins, comme vous savez sans doute, partagèrent longtemps notre cité en deux factions ennemies. Vaincus dans une lutte, les Gibelins *Lambertazzi*, nombreuse famille, se retirèrent à Faenza, en 1281. *Faenza* est une petite ville, à dix lieues sud-est de Bologne, sur le *Lamone*, et dans un des beaux sites de la Romagne. Au moyen-âge, elle appartenait à Bologne. Ces Lambertazzi, orgueilleux et remuants, faisaient les maîtres à Faenza comme à Bologne. Un des citoyens qu'ils tourmentèrent le plus fut un certain *Tibaldello Zambrasio*, homme de grand mérite. Ils lui derobèrent un jour une jeune truie. Peu après, Tibaldello devint idiot, puis de l'idiotisme il passa à la folie. On le vit se livrer dans les rues à mille extravagances, courir, crier, ameuter les passants, frapper ceux qu'il rencontrait. Un jour, une jument, vraie rossinante, sans crins, le poil roussi, se précipite à travers la ville, poursuivie par une bande de petits drôles. C'est Tibaldello qui la lance ainsi dans Faenza, après l'avoir amenée de la campagne. On rit de semblables excentricités ; mais aussi on plaint le pauvre fou. Or, voici que le 24 août de cette même année 1281, à la pointe du jour, un tapage plus violent encore éclate dans la ville. De toutes parts mille cris se font entendre:

— Vivent les Guelfes! Mort aux Gibelins!

Les Lambertazzi sont des premiers à sortir de leurs maisons. En voyant des hommes armés, ils prennent eux-mêmes des armes. On sonne les cloches. Les Gibelins lèvent le drapeau de l'empereur d'Allemagne.

Mais contre qui vont-ils combattre? Ah! voici l'affaire:

Tibaldello n'était pas fou, il avait simplement contrefait l'insensé. Dans la journée qui avait précédé, il avait quitté Faenza, sous le costume d'un oiseleur, un épervier sous le bras, deux chiens en laisse. Mais arrivé dans un bois, au nord de la ville, il s'était affublé d'un costume religieux, puis était venu à Bologne en toute hâte. Là, il ameuta le peuple, lui dit de prendre les armes, lui prouva la facilité de faire périr les Lambertazzi et les Gibelins, et fit partir toute une armée de Bolonais qui devaient arriver à Faenza au lever du soleil. Lui-même, précédant cette armée, rentra à Faenza sans être vu, donna le mot d'ordre à sa famille et aux Guelfes ; puis, quand le soleil parut et que les Bolonais entrèrent dans la ville, aussitôt les échos des carrefours de répéter les clameurs :

— Meurent les Gibelins ! Vivent les Guelfes !

Que vous dirai-je, Monsieur ? Il y eut du sang versé. Les Lambertazzi furent tous égorgés, et les Gibelins se firent tuer du premier au dernier autour de l'étendard impérial qu'ils furent impuissants à défendre. Tibaldello et les siens furent alors amenés en triomphe à Bologne, et le peuple resta maître.

—Truie, chevaux, chiens, épervier ! Je comprends l'allusion de la fête, et je vous remercie de votre légende, mon cher Monsieur. Mais puisque vous connaissez si bien les fastes de votre République Bolonaise, nous pouvons rire ensemble de la futilité de quelques-uns de leurs épisodes ; le seau enlevé, par exemple, qui, malgré le peu d'importance du fait, a inspiré un poëme héroï-comique à l'une de vos gloires de l'Italie, *Tassoni*, sous le titre de *Secchia Rapita*... Nous l'avons vu dans sa Ghirlandina, ce monument curieux d'une audace puérile, dis-je à l'antiquaire ; et franchement, c'est dommage que l'on ait donné uu si bel écrin à un si pauvre bijou.

Ce fut dans ces temps de rixes perpétuelles qu'Entius, roi de Sardaigne, et fils de l'empereur tudesque Frédéric II, ayant porté secours aux gens de Modène menacés par ceux de Bologne, continua mon narrateur, tomba entre les mains de ces derniers. Vous savez qu'une fois trépassé, on fit à Entius de somptueuses funérailles, et qu'il fut enterré très-honorablement à Saint-Dominique, où l'inscription qui en rappelle le souvenir a dû vous frapper...

— Je la verrai demain..., dis-je.

— Gardez-vous de quitter Bologne sans avoir visité l'église et le monastère des Dominicains, fondé par saint Dominique, et où vécut et mourut ce grand homme, le *il Santo* dont Bologne est aussi fière que Padoue s'enorgueillit du sien, continua le Bolonais.

Heureusement, ajouta-t-il, les mauvais jours du moyen-âge ne sont plus, quoique ceux d'à-présent ne soient pas irréprochables. Toutefois, la douceur et l'aménité sont entrées dans nos mœurs. Ici, les hommes sont industrieux, francs, gais, pacifiques. Ils mettent tout leur bonheur dans le calme, le travail et leur commerce de soiries, de crêpes, de fleurs artificielles, de liqueurs, de *mortadelle*, c'est le nom de nos chefs-d'œuvre en charcuterie, et de cachou pour désinfecter la bouche de messieurs les fumeurs. Les femmes que vous voyez coquettement coiffées de la pointe de leurs châles ou de leurs écharpes qu'elles placent sur le sommet de leurs têtes, sont bonnes, aimables et même gracieuses, sinon jolies. Les uns et les autres sont pieux et aiment le culte. Seulement leur piété recherche les pompes, les solennités, le spectacle qui parle aux sens. C'est le premier besoin des Italiens. Aussi regardez comme ce peuple est avide de contempler la procession ! Il a préliminairement décoré de son mieux les rues que le clergé va parcourir. Et quand passera le soleil d'or qui renferme le pain eucharistique, vous admirerez comme tout ce monde, même la plus humble, la plus pauvre, ce que l'on appellerait en France la vile multitude, se montrera recueillie. Plaçons-nous ici sur cette estrade qu'a élevée ce marchand de vin, au-dessous de son enseigne : *Qui si vende vino*, et vous jugerez mieux l'esprit qui domine cette foule empressée.

Dans le moment même où le brave Bolonais parle encore, s'élève de terre en face du portail de l'Eglise Santa Maria Maddalena et s'élance dans les airs un aérostat de taffetas pourpre, zébré d'une large croix d'argent. C'est le signal du départ de la procession. N'attendez pas de moi, mes chers amis, que je fasse passer sous vos yeux, l'un après l'autre, les différents corps qui la composent. Je ne vous montrerai ni les bedeaux en robes sombres armés de masses de bronze doré ; ni les tambours, ni la musique, ni les chœurs qui alternent avec cette musique ; ni les confréries de pénitents noirs, de pénitents blancs ; ni les légions de *Donzelle*, immaculées jeunes filles entourant l'image de la Reine des cieux, comme d'un immense nuage qui en soulève la statue d'or et le dais d'azur qui la couvre ; ni les longues files d'adolescents ayant tous à la main des oriflammes de couleurs vives. Je ne vous montrerai pas davantage les bannières flottant au vent du soir, et le grand crucifix de bois des Capucins, les chantres, le clergé, les enfants de chœur, les thuriféraires répandant au loin les parfums des encensoirs, et le cortège sacré des prêtres et des diacres entourant le vénérable pontife qui porte le Saint des Saints. Je vous dirai seulement qu'après un chœur exécuté à grand orchestre en face du reposoir, et alors que la musique joue ses plus brillantes fanfares, alors que les tambours battent, que l'artillerie gronde su le rempart voisin de la Porte san Donato, et que les cloches, au loin, éparoil lent sur la ville et la plaine leurs hymnes d'allégresse, le peuple tout entier s'incline comme un seul homme, avec un inexprimable sentiment de vénération sainte, et le Dieu du ciel bénit ses enfants de la terre... C'est un instant solennel et grand qui saisit l'âme, car la foi, cette pensée sublime qui fait de l'homme un roi, se montre sur tous les visages. Aussi, que jamais plus l'on ne vienne me dire que l'Italien est pieux parce qu'il est Italien, c'est-à-dire par contrainte ou par routine. Non ! Je le vois à Bologne, comme je le vis à Venise, à Milan, à Florence, à Naples et à Rome, l'Italien est pieux parce que son âme possède des croyances, parce que ses espérances s'étendent au-delà de la tombe, et parce que le beau ciel dont il jouit lui rappelle à toute heure la puissance du Seigneur et le convie à l'aimer.

Emile et M. d'Alm... du haut des fortifications, jouissent du spectacle religieux et pittoresque qui se déploie tout autour de nous, et quand la procession s'éloigne, pendant que la foule se précipite sur les degrés du reposoir pour y recueillir les gouttes de cire bénie dont ils sont couverts, ils me font signe de les rejoindre. Je m'empresse d'exprimer alors à mon obligeant cicerone les remerciments que mérite sa courtoisie. Mais il prétend m'accompagner, et gravit avec moi les escaliers des remparts.

— Messieurs, nous dit-il alors, puisque le sort vous a livrés à moi, je ne vous tiens pas quittes. Je veux me donner les tons d'un philosophe et faire de vous mon école. C'est s'y prendre un peu tard pour avoir des adeptes, mais ce sera un agréable souvenir de ma vie. Pour un vieillard qui aime les choses du vieux temps, savez-vous bien que c'est une bonne fortune de trouver sous sa main des esprits élevés qui l'écoutent et le comprennent?..

Le bon homme nous flatte : mais nous devons néanmoins un salut à sa gracieuse façon de dire les choses et nous le lui donnons. Il continue :

— Regardez-moi comme un maniaque, j'y consens, mais nous sommes trop voisins du théâtre d'un grand et mémorable drame, pour que je vous laisse aller sans l'avoir visité, sans l'avoir mesuré du regard, sans vous y avoir montré dans la brume des âges écoulés, les héros qui furent les acteurs de la tragédie que l'on y joua. Ainsi donc quittons cette Porte San-Donato, ne donnez même pas un coup-d'œil à toutes ces vieilles rues immondes, étroites et sombres, habitées par une plèbe indigente, qui avoisinent les remparts; ne faites pas attention à ces querelles de femmes de bas lieu, à ces chants de gens avinés, à ces rixes de soldats tudesques, et en longeant les murs de l'est à l'ouest, dirigeons-nous vers le Reno que voici là, arrosant le nord de la cité de son maigre cours d'eau.

Bologne n'a conservé aucun débris architectural de l'époque où elle était sous la domination romaine, si ce n'est un grand aqueduc...

— Et les débris du Temple de Jupiter Stator... me hâtai-je d'ajouter, car notre Hôtel Brun est précisément placé sur l'*Area* de ce temple, si l'on en croit l'inscription placée sous le portique de l'hôtel :

In questa area sorvega il celebrato Templo di Jove Statore quando l'antica Felsina avea culto gentilesco...

— Ce que vous dites est parfaitement exact, reprit l'antiquaire. Mais s'il y a peu de monuments romains dans Bologne, voici le fameux îlot qui fut témoin des scènes intimes qui se passèrent, après la mort de César, assassiné par Brutus, à Rome, et la guerre contre ses meurtriers dont Modène fut le théâtre, entre Octave, neveu de César, Marc-Antoine, le maître de sa cavalerie, et Lépide, un autre des dévoués du grand général, lorsqu'ils composèrent le fameux second Triumvirat, qu'ils se partagèrent le monde romain après s'être mutuellement sacrifié leurs proches et leurs amis les plus intimes, Octave, Cicéron par exemple, Lépide, son propre frère Paulus, et qu'enfin leurs proscriptions sans nombre inondèrent de sang la ville de Rome et toute l'Italie (1).

Là dessus, mes chers amis, notre homme nous fait tout un cours d'histoire romaine dont je... vous exempte. Je préfère vous citer ce que dit le président des Brosses de cette île du Reno, d'autant plus qu'actuellement, comme de son temps, c'est-à-dire il y a cent ans, elle a gardé la physionomie qu'il lui attribue :

« J'oubliais de vous dire qu'en allant à l'Opéra, nous nous detournâmes un peu pour aller voir le fameux îlot de la petite rivière Reno, dans lequel les triumvirs restèrent, en présence de leurs armées, trois jours et trois nuits à partager l'univers. La rivière ne représente pas assez dignement pour avoir mérité d'être le théâtre d'une si grande scène. C'est un torrent de la force du Suzon (2). Je n'ai pas pu juger de la grandeur de l'île, qui n'en est plus une, l'un des bras du torrent étant maintenant tout à fait effacé. Il y a sur la place un méchant bout de pyramide, avec une inscription moderne plus méchante

---

(1) Voir l'Histoire de la guerre de Modène, *Bellum Mutinæ*, et du drame du deuxième Triumvirat dans l'île du Reno, dans le volume de mon voyage en Italie, qui a pour titre : *La Lombardie*, etc.

(2) Une petite rivière qui passe à Dijon, et qui n'est guère plus forte qu'un ruisseau.

encore. Je m'assis là gravement ; et, tel qu'un autre Auguste, faisant la part du monde, je vous cédai l'Egypte, parce que votre grand nez vous donne l'air de Marc-Antoine, à condition toutefois d'en faire part à Jehannin (1), qui ressemble aussi à Marc-Antoine, mais par un autre endroit assez distant du nez.... »

La nuit tombait sur Bologne et notre estomac battait la générale, lorsque nous avons dit adieu au bon antiquaire. Mais il a voulu que cet adieu ne fût qu'un bonsoir, car il prétend nous reprendre sous sa tutelle le lendemain. Ce fut en vain que nous le priâmes de s'asseoir à la table de notre dîner.

— Que dirait Martha ! s'écriait-il d'un air effaré à chaque instance que nous en faisions.

En effet, le lendemain il se dressait debout à notre chevet, alors que nous goûtions encore les douceurs du far niente. Il ne nous a plus quittés d'une semelle pendant les quatre jours que nous venons de passer à Bologne. Il paraît qu'il a obtenu de Martha un élargissement provisoire : il a dîné deux fois avec nous ! Mais, ce soir, nous dînons chez lui, et nous connaîtrons Martha !

Il nous a fait voir *San-Domenico*. C'est un monastère et une église situés au sud de Bologne, sur la *Piazza San-Domenico*, remarquables par les objets d'art qu'ils renferment et rendus célèbres par la vie, la mort et le tombeau de saint Dominique, qui y fonda l'ordre religieux qui porte son nom.

Saint Dominique est donc le *il Santo* de Bologne, comme nous l'a dit l'antiquaire, *il signor Tagliaferri* : c'est le nom du bonhomme.

Dominique, fils de Félix de Gusman et de Jeanne d'Asa, était né en 1170 à Calaruega, dans la Vieille-Castille, en Espagne. On dit que sa mère apprit par un songe mystérieux qu'il était appelé à faire de grandes choses. Ce qu'il y a de certain, c'est que, dès son premier âge, il fut un ange de Dieu sur terre. Il fit de bonnes études à Palentia, puis à Salamanque, et bientôt fut capable d'expliquer l'Ecriture sainte et d'annoncer la parole de Dieu avec un succès étonnant. Sa renommée engagea Diego d'Azebido, évêque d'Osma, à l'attirer dans le chapitre de sa cathédrale, qu'il venait de soumettre à la règle de saint Augustin, et à lui donner le titre de sous-prieur, première dignité après celle d'évêque. Diégo, chargé par le roi de Castille Alphonse IX, de négocier pour son fils un mariage avec la fille du comte de la Marche, vint

---

(3) Jehannin de Chamblanc, conseiller au Parlement de Dijon, et ami de Piron.

en France, accompagné de Dominique (1). Mais alors les erreurs des Albigeois, dont ils trouvèrent le Languedoc infecté, firent naître dans les deux voyageurs le désir de travailler à la conversion des hérétiques. Ils se résolurent, avant tout, à n'employer jamais que la persuasion, et certes! ils tinrent parole et ramenèrent à la vertu bon nombre de ces hérétiques qui n'étaient qu'égarés.

Néanmoins, j'ai lu une foule d'accusations contre le saint Apôtre dont je vous analyse sa vie. On lui reproche d'avoir établi l'Inquisition, et notez que l'Inquisition ne fut instituée qu'en 1233. J'ai vu un tableau et d'autres peintures moins remarquables qui le représentent un crucifix à la main, les yeux hagards, les cheveux hérissés, conduisant les Croisés contre les Albigeois, les excitant au carnage, leur désignant des victimes.

C'est ainsi que bien des gens, animés de je ne sais quel esprit, ou fort ignorants, écrivent l'histoire ou s'inspirent de récits empreints de la plus détestable des passions, la calomnie.

Pendant ses missions du Languedoc, Dominique instituait la célèbre dévotion du Rosaire et fondait un monastère à Toulouse. Puis, quand il eut vu ses effort inutiles, il s'éloignait du théâtre de la guerre, assistait au quatrième Concile de Latran, se rendait à Rome près du pape Honorius, y faisait approuver les statuts de son Ordre des Dominicains, réformait les abus de certains monastères, créait des maisons religieuses à Madrid et à Ségovie, et enfin arrivait à Bologne, sur la fin de l'été de 1219. Le curé de Saint-Nicolo lui ayant offert son église, il en fit le sanctuaire du premier établissement des

---

(1) Les *Albigeois* tirent ce nom d'*Albi*, ou plutôt du pays situé aux environs de Castres et de Béziers, qui depuis le v⁵ siècle fut toujours appelé *Albigensis*, et dont les habitants étaient connus sous celui d'*Albigenses*. La secte des *Albigeois* était composée de gens ayant conservé les anciennes doctrines des *Ariens*, venus avec les *Lombards*, des *Poplicains*, *Cathares*, *Puritains*, *Manichéens*, sectes formées par les prédications de l'orgueilleux réformateur *Arnaud de Brescia*. On les confondait sous le nom de *Bonshommes* à cause d'un certain extérieur qu'ils affectaient par hypocrisie. Mais le nom généralement plus adopté était celui de *Vaudois*.

Ces derniers furent ainsi appelés de *Pierre Valdo*, riche marchand de Lyon. Celui-ci, frappé de la mort subite d'un homme qui s'était tué en se laissant tomber, tandis qu'ils s'entretenaient ensemble, se défit de tous ses biens, vers 1160, les donna aux pauvres, et prétendit imiter la manière de vivre des Apôtres. Il se fit quelques disciples, et ils reçurent tous le nom de *Pauvres de Lyon*. Peu de temps après, ils se mirent tous à prêcher, quoique sans caractère. On leur imposa silence : révolte ouverte. A la rébellion, ils ajoutèrent bientôt l'hérésie. Comme tous les Hérésiarques ils attaquèrent l'Église, ses attributions, etc., etc.

Dominicains. Ce fut là qu'il passa le reste de ses jours dans le jeûne, les austérités, la pratique de toutes les vertus. Il ne cessa jamais de prêcher, de faire des missions, d'ouvrir de nouvelles maisons de son ordre à Bergàme, à Brescia, à Faenza, à Viterbe. Il en fonda même en Angleterre, à Cantorbéry, à Oxford et à Londres. Voilà une vie bien occupée, certes ! Aussi, étant à Milan et y ayant annoncé sa mort, à peine revenu à Bologne, rendit-il son âme au Seigneur, le 6 août 1221... En 1234, il était canonisé par le pape Grégoire IX.

Il va sans dire, mes amis, que nous visitons le couvent, témoin de tant de vertus et théâtre d'une si belle vie. Mais l'ancienne église, celle qui posséda le saint et l'entendit maintes fois annoncer la parole de Dieu, n'existe plus. Elle comptait plus de six cents ans. Elle fut refaite à peu près entièrement sur la fin du dernier siècle. On y voit une quantité de belles et rares peintures, la Madone dite *del Velluto*, par *Lippo Dalmasio*, puis des *Carrache*, des *Francia*, des *Rossi*, mais la perle de cette église est le Tombeau du Saint. *Nicolas de Pise*, le grand architecte, en est l'auteur. Il le termina en 1231. C'est un précieux monument de l'architecture de cette époque reculée. Il est admirablement conservé. Le plus beau marbre blanc le compose, et cent bas-reliefs, reproduisant les actes de la vie de saint Dominique, le décorent. Je ne vous en dirai pas les sujets. En 1469, on ajouta au tombeau un chapiteau avec des statuettes de saints. Au-dessus du monument s'élève une coupole qui fut confiée aux soins de *Guido Reni*. Cet habile artiste y a peint une superbe fresque qui représente saint Dominique reçu dans la gloire du paradis. C'est la plus brillante apothéose qu'il soit possible de se figurer.

Dans la chapelle du Rosaire, splendide et rutilante création qui a pour but de glorifier l'institution de la confrérie par le saint, sous de simples pierres tombales dort le célèbre peintre *Guido Reni*, dit *le Guide*, et repose, à ses côtés, *Elisabeth Sirani*, jeune femme rendue fameuse par ses travaux de gravure et de peinture. Elève du Guide, elle avait déjà produit des chefs-d'œuvre, quand elle fut empoisonnée, à l'âge de vingt ans, par des rivaux qui craignaient sa gloire future.

> Et rose elle a vécu ce que vivent les roses,
> L'espace d'un matin !

A propos, San-Domenico renferme le sépulcre d'Entius, ce roi de Sardaigne, captif des Bolonais pendant vingt-deux ans. L'inscription est du XIII° siècle et peint à merveille l'orgueil municipal et républicain de l'époque. La voici, soyez juges :

SIC CANE NON MAGNO SÆPE TENETUR APER (1).

Puisqu'il est question de chien dans cette épitaphe, je vous dirai qu'au moyen âge, Bologne avait dans ses armoiries, et, en réalité, possédait une race de chiens fort curieuse, que l'on ne trouve plus, et à laquelle fait allusion l'inscription susdite. Ces chiens étaient une sorte de carlins qui avaient nom *Bolognini*. A les juger par leur effigie reproduite dans les armes de la ville, rien de plus gracieux. S'il eût été possible d'en retrouver l'espèce, je me serais donné le plaisir de vous en rapporter un, ma chère Amédée, vous qui aimez tant les animaux, et c'eût été un symbole de la fidélité de mes affections à votre égard.

Notre antiquaire nous a introduits aussi dans les plus beaux palais de Bologne *Palais Albergali* ; *Palais Baciocchi* ; *Palais Bevilacqua* ; *Palais Zampieri, Zambeccari,* etc.

Il nous fait voir aussi la *Maison de Rossini,* sur le fronton de laquelle court en lettres d'or cette devise *Non domo dominus, sed domino domus* (2). Mais le maestro a vendu cette demeure, et, vous le savez, il préfère notre Paris bruyant à la somnolente Bologne.

Notre promeneur nous a conduits également sur la *Montagnuola,* une sorte de colline qui occupe le nord de Bologne, *intra-muros,* et dont nos Français ont fait un délicieux jardin public, lorsqu'ils occupèrent Bologne. C'est ainsi qu'à Mantoue on leur doit aussi de notables embellissements, et bien d'autres villes encore. Le Français laisse partout des traces de son passage ; et je vous prie de croire qu'il décore plutôt qu'il ne détruit. C'est à cette montagnuola que nous voyons surtout les Bolonais se livrer à leur jeu favori, le *Giuoco di Pallone,* le Ballon.

Enfin, il nous a fait les honneurs de *San Michaele in Bosco,* édifices pittoresques situés sur une colline qui domine la ville, à la sortie de la *Porta san Michaele.* On y trouve un monastère dont l'église est des plus riches en peintures des plus fameux maîtres ; et les constructions offrent l'aspect des

(1) Ainsi, souvent un sanglier farouche devient la victime d'un petit chien.

(2) Le maître fit la gloire de sa maison, et ce n'est pas sa maison qui fit celle du maître.

plus beaux monuments du luxe monastique dans la Péninsule Italique. Ils datent de 1437. A cette heure, San Michaele in Bosco est la résidence du légat du pape.

Mais il était encore une autre élévation plus pittoresque peut-être que j'avais remarquée de la Torre Asinelli, et qui, se dressant en dehors de la Porta Saragossa, me semblait devoir offrir l'un des plus beaux points de vue du voisinage. Renseignements pris, nous savons que le monticule porte le nom de *Monte della Guardia*, et qu'il est couronné par l'*Eglise della Madona di San-Luca*. Nous en avons fait l'ascension, Emile et moi, un soir, au moment du coucher du soleil, et nous avons eu lieu de nous en féliciter. Figurez-vous qu'on y arrive par un long portique de six cent trente-cinq arcades, qui, commençant à la Porte de Saragosse, ne s'arrêtent plus qu'à l'Eglise et au sommet du mont de la Garde. Nous sommes haletants quand nous atteignons la plate-forme de la colline. Mais quel beau spectacle alors ! Ce portique immense prouve bien aussi la piété persévérante et le goût des Italiens pour ces constructions. Ils peuvent arriver à l'église et prier à genoux devant la noire peinture de la Vierge, ouvrage de saint Luc, dit-on, sans que le soleil ou la pluie les ait arrêtés dans leur pèlerinage. Mais il n'a pas fallu moins de cent ans pour terminer ce beau travail, qui déjà, ici et là, s'incline, hélas! et semble menacer ruine.

A la même Porte de Saragosse, *Chartreuse* de 1355, convertie en *Campo-Santo*, en 1801, mais offrant encore de délicieuses peintures, un Jugement dernier, par *Canuti,* et un Baptème du Christ. par l'infortunée *Elisabeth Sérani*, qui s'y est représentée assise.

Nous avons dîné chez le bon antiquaire, et certes ! son festin n'était pas piqué des vers comme les curiosités de son petit musée.

Quelle maîtresse femme que la signora Martha ! Et belle donc ! Malheureusement l'âge vient, et avec l'âge...

Je vous demande pardon de mettre un peu de hâte à terminer cette lettre, qui, du reste, devra passablement vous fatiguer : c'est que, au point du jour, nous partons pour Ravenne : or il est minuit. Je n'ai donc que cinq heures de sommeil... Mais pour vous aimer, mes chers amis, j'ai toute la vie que le ciel me donnera... Au revoir !

VALMER.

III

A MADAME F. DOULET , A PARIS.

Ravenne, 9 octobre 185...

Je vous demande, les mains jointes, ma bonne et tendre mère, de calmer votre imagination à l'endroit des difficultés de notre voyage, et de donner à la tendresse de votre cœur pour moi une large part du bonheur dont je jouis, car, pour les touristes, l'Italie n'est autre chose qu'un vaste et délicieux jardin semé des accidents les plus pittoresques de la nature : mers, lacs, fleuves, montagnes, forêts, prairies, plaines fécondes ; et jonchées, ici et là, des curiosités les plus splendides que l'on puisse désirer connaître : villes, castels, ruines, palais, monuments, antiquités de toutes sortes, musées des plus riches, costumes des plus variés, mœurs tenant de toutes les époques et se rattachant à tous les peuples, dont la Péninsule Italique rappelle les souvenirs. Nulle part le moindre péril, et partout le charme, l'agrément, l'étude de l'inconnu, l'aspect du beau, la jouissance d'ineffables plaisirs : tel est le résumé rapide de nos excursions jusqu'à ce jour.

En outre, acceptez et pesez la preuve de tout le bonheur dont nous jouissons, grâces aux pièces d'or dont vous avez doublé nos ceintures, par ce qui suit :

M. Valmer, avant d'aller à Florence, a désiré connaître Ravenne, Rimini, Ancône, Lorette, que sais-je ? Eh bien ! loin de mettre obstacle à ses vœux, j'ai tenu à en favoriser l'exécution. Tout en me promenant, l'autre jour, à Bologne, sur la Piazza Maggiore, j'avais avisé, parmi les montagnes de limons et d'oranges, et les cascades de pastèques et d'ognons blancs dont elle est encombrée, une face paterne de paysan qui, à la tête d'une assez jolie carriole couverte et attelée d'un fort bon cheval, offrait, en plaisantant peut-être, à des gens qui l'entouraient, de leur vendre son équipage au prix de vingt *scudi*, quelque chose comme 108 francs.

— Je le prends, moi, et en voici le prix !... dis-je à mon homme, en tirant de ma poche six napoléons.

Un éclair jaillit des yeux du paysan. Il se baissa sur ma main, regarda l'or, prit une pièce, la pesa, la remit avec les autres, rougit et me dit :

— Ajoutez quelques *zecchini*, et je conclus le marché, signor...

Un zecchino est un sequin de vingt *paoli* et cinq *baiocchi*, soit 11 francs 80 centimes.

— Combiens de sequins ? demandai-je.

— Quatre zecchini... murmura-t-il avec une sorte d'hésitation...

Le total montait dès-lors à 150 francs, mais pour ce prix j'avais une voiture fort commode, à deux places, couverte en cuir verni, et munie d'un appareil pour recevoir des bagages. Je me décidai. Aussi plaçant deux napoléons côte à côte, avec les cinq autres et un sequin, je les présentai au paysan qui les lorgna de nouveau, s'en saisit, les mit dans son gousset, alla droit à son cheval, lui tourna la tête vers moi, le caressa en guise d'adieu, et dit :

— *Ecco, signor...* Voici, Monsieur...

Parole d'honneur ! je croyais rêver : cheval, harnais et voiture, le tout en fort bon état, et la bête ayant mangé l'avoine encore, pour 150 francs!... Néanmoins je montai dans la carriole, je pris place sur le siège, j'assemblai les rênes, et m'armant du fouet, je fis entendre le bruit de langue familier aux cochers de bonne maison. Mon cheval partit comme un trait, après avoir poussé un hennissement plaintif que je traduisis par *bonjour!* à l'adresse du maître qu'il quittait, et en un clin-d'œil me mit à la porte de l'Hôtel Brun. Je fis garder ma nouvelle acquisition et j'allai trouver M. Valmer.

— Mon très-bon, me dit celui-ci, quand on n'a pas de valet, on est obligé de faire soi-même ses petits préparatifs de départ. Je viens de fermer nos valises et je me rends aux diligences de Ravenne pour y prendre nos places...

— Eh! mon Dieu! cher maître, êtes-vous donc tellement pressé de quitter Bologne? osai-je répondre d'un air hypocrite.

— Est-ce que tu vas faire, pour partir de Bologne, les mêmes façons que pour t'éloigner de Venise? Si j'ai hâte de m'enfuir de Bologne! A ce point que, à cette heure même, l'estomac lesté de *mortadelle* et *cotichini*, comme nous l'avons, si je trouvais place dans un véhicule quelconque, je t'y ferais monter, je m'assoierais à tes côtés, et nous nous acheminerions aussitôt vers Ravenne...

— *Cameriere! Cameriere!* criai-je aussitôt dans le corridor, après avoir ouvert la porte, et en faisant retentir la sonnette de l'escalier.

— Voilà, Monsieur, voilà! répondit un garçon qui arriva tout essouflé.

— Prenez ces bagages, lui dis-je avec un sang-froid suprême, descendez-les et les portez dans la voiture qui stationne près de la grande porte. Notre *lista* monte à dix-neuf scudi pour les cinq jours que nous avons passés à la pension Suisse : les voici. J'y joins un scudo pour vous. Maintenant, mon très-cher, ajoutai-je, en me tournant vers M. Valmer, voici le fouet de l'équipage qui nous attend : je vous le confie. Depuis huit ans, c'est vous qui tenez les rênes de... mon éducation : veuillez diriger d'un bras aussi ferme notre carriole de voyage. Elle est en bas : partons. Nous pourrons aller coucher ce soir à Imola, ou à Faenza peut-être, et demain nous serons de bonne heure à Ravenne.

Ma bonne mère, figurez-vous, si c'est possible, M. Valmer, bouche béante, les yeux fixés et atônes, les joues d'un beau rouge pivoine, le nez froncé à sa partie haute et les oreilles tendues comme quelqu'un qui entend, mais ne comprend pas...

— Me donnes-tu donc une seconde édition du tour que tu m'as déjà joué à Pavie? demanda-t-il enfin... Tu sais que je n'aime pas les répétitions, nonobstant le proverbe : *bis repetita placent !* Un homme de ressource ne se copie jamais...

— Une carriole est une carriole, mon bon Valmer, et il n'est pas question d'aller à cheval. Votre vénérable... épiderme aurait trop à souffrir et vous ne me semblez pas avoir de vocation pour remplir le rôle d'un centaure... lui dis-je en riant. Donc, regardez par cette fenêtre, et vous allez voir la jolie petite américaine, — couverte encore, car votre teint redoute le soleil, — dont je vous gratifie et qui vous tend... les bras. Dites-moi si je ne songe pas à bien faire les choses, surtout quand il s'agit de vous être agréable ?...

— Ce garçon là me fait sécher sur pied avec ses excentricités sans pareilles !... murmura-t-il. C'est égal : il faut en passer par où il veut.

Et, ce disant, M. Valmer descendit, courut à notre voiture, en fit le tour, parut fort satisfait de l'examen, dit quelques mots de bienvenue au cheval, s'assura que nos valises étaient au complet et placées dans de bonnes conditions, s'installa, et m'appela près de lui. Nous partons.

Sortis de Bologne par la Porta Maggiore ou la Porte de Rome, c'est aussi le nom qu'on lui donne, nous suivons une route délicieuse que dominent les charmantes collines qui, au sud, encadrent la vieille cité. Il est dix heures à peine, et quoique le soleil soit brûlant déjà, la chaleur est tempérée par une douce brise saline qui nous vient de l'Adriatique. Nous rencontrons fréquemment de vrais villageois qui conduisent des attelages de bœufs magnifiques, particuliers au pays, dont nous admirons les longues cornes et la haute stature. Notre cheval, que M. Valmer a surnommé *Garisenda,* parce qu'il se donne un petit air penché des plus intéressants, marche d'un bon pas, et salue ces braves animaux comme des connaissances. Mon cher gouverneur prétend qu'il leur promet, pour son retour, de leur raconter l'expédition qu'il entreprend avec nous. Une heure après notre départ, les tours de Bologne se sont effacées derrière nous dans la brume, et nous nous trouvons en pleine Romagne.

Les *Romagnes* ou *Romandiole, Romania* en latin du moyen-âge, sont une très ancienne province partagée sous l'empire romain en *Flaminie* et en *Emilie.*

Au VIᵉ siècle, après l'invasion de l'Italie septentrionale par les Lombards, la Romagne devint la province centrale de l'Exarchat que les empereurs d'Orient fondèrent à Ravenne. Conquise en 752, par Astolphe, l'un des rois lombards, elle leur fut reprise bientôt par Pépin, et donnée en 754 au pape Etienne II. Charlemagne confirma et augmenta considérablement la dona-

tion faite par son père. Il érigea même la Romandiole en comté. A sa mor'
et quand les souverains d'Allemagne héritèrent d'une large part de son vaste
domaine, ce comté fut conféré par Frédéric II, empereur d'Allemagne, à
deux comtes de Hohenlohe. Mais quand la maison de Souabe succéda sur le
trône à la maison de Hohenstauffen, la famille de la Polenta en devint la
maîtresse. A son tour Venise s'en empara en 1441. C'était en 1501, c'est-à-
dire à l'époque où Roderic Lenzuoli Borgia, neveu de Calixte III, par la belle
Rosa Vanossa, peuplait l'Italie de cette lignée farouche qui devint si fameuse
par ses crimes : César Borgia, que notre Louis XII fit duc de Valentinois ;
Lucrèce Borgia, tour à tour femme de J. Sforce, seigneur de Pesaro, d'Alphonse, fils d'un roi d'Aragon, d'Alphonse d'Este, fils du duc de Ferrare, etc... Mais Roderic Lenzuoli Borgia, ayant pris le nom d'Alexandre VI, César enleva la Romagne aux Vénitiens, la fit ériger en duché, et
en reçut l'investiture. Toutefois il n'en jouit pas longtemps : car Jules II,
aidé de Louis XII de France, dans la ligue de Cambrai, lui retira la Romagne en 1508, et depuis cette époque elle ne cessa plus de faire partie des
Etats de l'Eglise.

Située entre la légation de Ferrare, au nord, celle de Bologne, à
l'ouest, et le duché d'Urbin, au sud, la Romandiole avait Ravenne pour
chef-lieu, et ses villes principales étaient Imola, Faenza, Forti, Rimini, etc.
Mais de nos jours elle est comprise dans les légations de Ravenne et de
Forti.

Je vous disais tout à l'heure, ma mère bien aimée, que la Romagne avait
été formée d'une portion de la *Flaminie.* Cette ancienne province romaine
devait son nom à la *Voie Flaminienne,* que *Flaminius Nepos,* censeur en
223, avant notre ère, avait fait ouvrir de Rome à *Ariminium,* aujourd'hui
Rimini, et qui traversait la Sabine, l'Ombrie et le pays de Senones. Cet infortuné Flaminius, en dotant la République de cette splendide *Via Flaminia,*
ne savait pas faciliter l'arrivée sur Rome de son ennemi le plus terrible,
Annibal, qui, quatre ans plus tard, envahissant l'Italie, après plusieurs victoires sur le Tésin et la Trébie, vint placer son camp sur les bords du lac de
Trasimène, près de Pérouse. Flaminius, consul alors, accourut à sa rencontre ; mais vaincu et tué par l'habile Carthaginois, celui-ci, par cette
Voie Flaminienne, s'élança vers le cœur de l'Italie, qui trembla sous le brui'
de ses pas.

J'ajoutais que l'*Emilie,* elle aussi, avait contribué à former la Romagne.
L'Emilie devait également son nom à une voie romaine, la *Voie Emilienne,*
où *Emilius Scaurus,* édile, puis préteur, puis gouverneur de l'Achaïe,

et enfin, consul, en 118 avant l'ère chrétienne, avait créée de Rome à *Ariminium* ou Rimini encore, mais en passant du côté opposé de l'Italie, le long de la Méditerranée, jusqu'à Pise, et qui de là, coupant la Péninsule, s'avançait par Plaisance, Parme, Modène et Bologne jusqu'à Ravenne, et longeait ensuite l'Adriatique jusqu'à sa jonction à la Voie Flaminienne, à Rimini.

Cette *Via Emilia* servait de limites à la Gaule Cisalpine, qui occupait tout le nord de l'Italie. Mais cette limite était plus positivement tracée par le *Rubicon*, qui venant de l'ouest à l'est de l'Italie, se jette dans l'Adriatique un peu au-dessus de Rimini. Ce petit fleuve franchi, on avait quitté la Gaule, et on mettait le pied dans l'Italie proprement dite. Aussi nul général romain ne devait le franchir sans l'autorisation du sénat, sous peine d'être traité comme ennemi de la patrie. A l'heure où j'écris ces lignes, ce nom si fameux de Rubicon est fâcheusement appliqué à plusieurs cours d'eaux, et les antiquaires ne sont pas d'accord sur son emplacement. Les uns veulent que ce soit le *Pisciatello*, les autres le *Ragasta*, ceux-ci le *Fiumicino*, et ceux-là l'*Urso*, petites rivières qui toutes vont payer leur tribut à l'Adriatique, fort près de Rimini. Malheureusement pour notre curiosité, quand nous en serons là, je ne pourrai trancher la question.

Or, ma bonne mère, c'était cette dernière voie romaine, la Via Emilia, que, dans notre première excursion en Italie, l'an dernier, nous avons suivie de Plaisance à Parme et à Modène, montés sur d'excellents chevaux, si vous en avez souvenance ; et, c'est elle encore que nous retrouvons à Bologne, et sur laquelle nous cheminons parallèlement à la longue chaîne des Apennins, que nous voyons serpenter au loin, à notre droite, dans les nues de l'horizon. Eh bien ! pendant que la Voie Flaminienne avait très-utilement servi la marche d'Annibal, la Voie Emilienne devint fatale à son frère Asdrubal.

Épuisé par ses nombreuses victoires et par les délices de Capoue, Annibal se voyant acculé dans le Brutium, au fond de la Péninsule, demanda des secours à Carthage. Aussitôt Asdrubal est envoyé d'Afrique en Italie avec soixante mille Carthaginois. Afin d'éviter les défilés dangereux qui bordaient la partie de la Voie Emilienne qui longe la Méditerranée, il suit la partie plus découverte et très-sûre qui coupe l'Italie et arrive à Ariminium. Déjà campé sur les bords du Métaure qu'il avait franchi, et qui arrosait *Forum Sempronii*, Fossombrone, et *Fanum Fortunæ*, Fano, où il se jette dans l'Adriatique, au-dessous de l'antique *Ancona*, l'Ancône actuelle, un matin, à l'heure où il se préparait à attaquer une division de l'armée romaine sous les ordres de Livius Salinator, l'un des consuls, il entend la trompette des ennemis sonner deux fois. A ce signal Asdrubal reconnaît qu'il n'a plus seulement un consul à combattre, mais les deux réunis. En effet, le second consul, celui qui gardait à vue le camp d'Annibal dans le Brutium, Néron, prévenu de l'entrée en Italie des soixante mille Carthaginois, et instruit qu'ils s'avançaient sur Ariminium par la Voie Emilienne, s'élance comme la foudre avec sept mille hommes de choix. Après six jours de marche, il rejoint son collègue : et comme il voit Asdrubal, effrayé par le double son de la trompette, repasser le Métaure, il le poursuit et le force à accepter la bataille. C'était en 207 avant J.-C. Les Carthaginois disputent courageusement la victoire : mais cinquante-six mille des plus braves mordent la poussière, et Asdrubal lui-même périt en même temps qu'il est vaincu. Alors le consul Néron retourne en toute hâte dans le Brutium, avant qu'Annibal ait connu son départ et son retour, et pour lui annoncer sa victoire, il fait exposer en face du camp la tête d'Asdrubal qu'il a coupée...

M. Valmer ne manque pas de me rappeler aussi que ce fut cette même Voie Emilienne que suivit César, pour éviter les périls de la partie opposée de la route, lorsqu'à son retour des Gaules il vint y franchir le Rubicon, en jetant au monde ce superbe défi : *Alea jacta est! Le sort en est jeté!* Parole fameuse qui a fait toute la gloire de ce misérable ruisseau retombé dans l'oubli... César s'élança ensuite comme un géant, marcha contre Rome, et, vingt ans après, sur les ruines de la République se dressait le trône des empereurs.

Nous, simples prolétaires, timides plébéiens, beaucoup plus modestes dans nos allures qu'Annibal, Asdrubal, César et tous les hommes illustres qui ont parcouru cette Voie Emilienne, comme eux, nous nous dirigeons vers Ariminium transformée en Rimini, nous allons passer le Rubicon devenu le Fiumicino, et nous verrons le Métaure appelé maintenant le Métore : mais nous avons le bonheur de ne porter aucune pensée ambitieuse dans notre poitrine. Notre unique préoccupation est de voir, de connaître, de nous instruire. Les choses les plus naïves ont pour nous un enseignement, et, tout en traversant les heureux villages, nichés sur les ondulations des collines, les bourgades qui dorment sous la feuillée dans la plaine, et les groupes de moissonneurs et de faneuses qui chantent, qui bourdonnent et qui rient sans quitter la récolte du maïs et l'œuvrée du regain étalé aux plus chauds rayons du soleil, nous regardons avec intérêt les enfants jouer à la *morra* sur le seuil des chaumières, à l'ombre des peupliers, ou sur le tapis vert de prairies qu'arrosent des ruisseaux dont l'onde pure gazouille sur les cailloux de leur lit.

La morra! Savez-vous ce que le Romagnol appelle le jeu de la morra? Assurément non. Permettez-moi donc de vous donner une courte leçon de ce jeu qui fait le bonheur du Romagnol, et le surexcite comme la hausse ou la baisse font les ministres du temple de la Fortune que l'on appelle la Bourse.

Rien de plus simple que la morra. Les cinq doigts dont le Créateur des mondes a pourvu notre main, tel est l'instrument du jeu. Les joueurs présentent la main, en disant interrogativement l'un des nombres de un à cinq, mais en ayant soin d'ouvrir un nombre différent de doigts. Il est facile de se tromper dès-lors. Si vous précisez le nombre de doigts ouverts, juste et en temps et lieu, c'est-à-dire avant d'avoir vu, et sans vous laisser étourdir par le nombre qu'énoncent les voix, vous avez un point. La partie se fait en dix, quinze ou vingt points. Si l'on est lent à faire ses points, la partie peut durer très longtemps. Or, tant qu'elle dure, ce sont des cris, des rires, des gestes, des trépignements, du bruit, un vacarme, une tempête dont rien ne peut donner l'idée. Cela s'explique : Le Romagnol est vif, léger, ardent, passionné : avec cela le lucre lui plaît. Comment resterait-il froid et calme en présence de quelques baïoques à gagner?

Mais laissons la morra, et continuons notre route. Voici d'abord de très-beaux ponts qui chevauchent sur de très-jolies rivières courant à la rencontre du Pô. Puis se montre le frais village de *S.-Nicolo*, et bientôt après sourit ou fait la grimace, selon l'influence atmosphérique du moment, la petite bicoque moyen-âge de *Castel San-Pietro*.

Surgit dans la plaine, au milieu des bouquets d'arbres qui la capitonnent, et, à demi-voilée par de longs rideaux de peupliers, la jolie ville d'*Imola*, debout sur les débris réduits en poussière du *Forum Cornelii*, dont parle Cicéron, et placée sur un bras du *Sauterno*, qui lui donne généralement ses eaux limpides. L'empereur Justinien la détruisit ; les Lombards la remirent sur pieds ; mais César Borgia l'écorcha vive, et s'en reput toute sanglante. Cartouche et Mandrin, Fra-Diavolo et Marco Spada eussent paru des agneaux à côté de ce tigre. A Imola, à Faenza, à Forli, à Rimini, partout dans cette pauvre Romagne, on conserve le souvenir de ses horribles exactions, et une terreur secrète des infâmes mystères de ses turpitudes sans nom.

Vient ensuite *Faenza* ; cette petite ville est à trois lieues seulement d'Imola. Notre bon Garisenda nous y porte sans efforts ; aussi, en échange de ses généreux procédés, bonne litière et provende abondante. Puis, après un dîner qu'humectent les vins dont *Varron* et *Columelle*, l'un, le plus savant des Romains vers 116 avant J.-C., et l'autre, le plus fameux agronome de l'antiquité, contemporain d'Auguste, ont fait un éloge mérité, nous visitons la jeune Faenza sortie des ruines de l'ancienne *Faventia*. Le *Lamone* la rafraîchit de son cours, et les plus beaux sites de la Romagne l'entourent.

Notre mot de *Faïence*, qui dérive de *Faenza*, apprend à qui veut le remarquer, non pas que la vaisselle en terre a été inventée à Faenza, mais qu'elle y a été considérablement perfectionnée. En effet, on trouve dans cette ville une manufacture de faïence, fort ancienne, qui se recommande surtout par la solidité de ses produits. On y voit des imitations de vases étrusques fort exactes. Mais c'est dans l'île Majorque, l'une des Baléares, que fut imaginée la faïence primitive : il est donc juste de lui rendre un mérite qui lui appartient, selon la devise : *Cuique suum!* Du reste honneur à l'industrie de Faenza ! Elle possède des filatures de soie et des fabriques de soieries. Certes! je suis convaincu, ma très-honorée mère, que vous accordez plus de sympathie à ce dernier article qu'au premier. *Trahit sua quemque voluptas!* Devise pour devise.

Faenza n'est pas ennemie de l'art, tant s'en faut. Elle a donné le jour à *Battista de Faenza*, peintre habile, qui a fait hommage de son talent à l'église de sa ville natale. Il y a peint, en 1506, une Madone avec l'Enfant Jésus, des Anges et des Saints ; et nous avons eu grand plaisir à les aller contempler dans le recueillement du soir, après notre repas.

Dans un couvent de Capucins, au-dehors de la ville, on nous a fait voir aussi une madone avec saint Jean, frais ouvrage du *Guide*. Cette peinture était destinée au Musée du Louvre : comment resta-t-elle dans cette capucinière? je ne saurais vous le dire.

Le lendemain, au point du jour, Garisenda piaffait dans la cour du *Leone d'Oro*, où nous avions pris notre gîte, et nous partions à six heures, alors que le soleil dorait la plaine de ses premiers rayons. Nous sommes ravis, le bon Valmer et moi, de cheminer dans le calme et la paix, à travers des champs qui jadis furent des théâtres de guerre, témoins des grandes luttes des Lombards, des Goths, des Hérules, et de tant d'autres peuples. Les alouettes chantent dans les airs ; les ombres des nuages fuyants se poursuivent en glissant sur l'herbe, les prés et les bois, pour s'élancer dans l'éblouissant horizon ; des ruisseaux font tourner les roues de quelques moulins; ici les paysans sifflent derrière leurs charrues ; là des glaneuses forment des groupes laborieux ; puis des troupeaux viennent paître ; de jeunes garçons pourchassent de leurs cris de timides oiseaux dans les bocages; enfin la fumée du matin s'élance de toutes les cheminées des hameaux. C'est un tableau charmant. Et cependant, au milieu de ces délicieux aspects, je crois voir, dans la brume d'or des plaines, les grands fantômes d'Alboin le Lombard, d'Odoacre le Scyte, de Théodoric le Visigoth, et leurs armées gigantesques s'entrechoquant sur ces landes, jadis, en effet, arrosées de leur sang ! Mais comme tout change ici-bas : bien des lunes ont éclairé ces champs de bataille qui entourent Ravenne ; bien des étoiles ont veillé sur lui pendant ces nuits de deuil, et bien des brises ont passé sur ces lieux avant que les traces des combats aient disparu. Puis ces vestiges de sang et de mort se sont effacés peu à peu ; la nature, qui domine les mauvaises passions humaines, a re couvré bientôt sa sérénité, et maintenant elle sourit aux hommes là même où des hommes ont cruellement souffert.

En sortant de Faenza, nous avions quitté la Voie Emilienne, en tournant subitement à gauche, notre carriole nous portait vivement vers Ravenne. Tout à coup, en face de nous, l'horizon cessa de nous montrer ses fantaisies et ses caprices : il se fit monotone et triste. Puis je vis se former comme une barrière sombre, noire, sinistre qui semblait devoir nous fermer le passage. Seulement, en avant de cette ligne funèbre, peu à peu je distinguai le profil d'une vaste cité, avec ses remparts, ses môles, ses tours, ses clochers, ses donjons, ses dômes, ses palais, ses édifices, et ses larges masses de hautes, mais grises et tristes maisons.

— Que voyons-nous donc là-bas, s'avançant à notre rencontre? dis-je à M. Valmer.

— *Ravenne,* l'antique *Ravenna,* la ville fondée par les Thessaliens qui, pour ce faire, n'ont eu qu'à traverser la mer Adriatique... me répondit-il.

— Mais je croyais Ravenne un port de mer, et je ne vois rien qui lui ressemble... objectai-je.

— Port de mer, jadis, oui... fit M. Valver ; mais son port qui ouvrait sur l'Adriatique, a été constamment détérioré par des attérissements sans fin, et par une grande inclinaison de la mer vers les côtes illyriennes, de sorte que Ravenne, anciennement assise sur les bords de l'Adriatique, en est à présent éloignée de plus d'une lieue...

— Mais alors que veut dire cette large ligne noire qui s'étend derrière Ravenne, et semble toute une armée rangée en bataille, et s'avançant lentement à la rencontre d'un ennemi invisible? continuai-je.

— Cette ligne sombre dont l'aspect funèbre te frappe n'est autre chose que la *Qineta,* c'est-à-dire une vaste forêt de pins plus ancienne que la ville même, et plantée sur une longueur de vingt-cinq milles, et une largeur de trois à quatre, de Cervia à Rimini, entre Ravenne et la mer. Les arbres qui composent cette pineta montent jusqu'à une hauteur de quatre-vingts pieds, et voilà pourquoi cela nous paraît d'ici une barrière infranchissable. Il y aurait mille récits à faire sur cette forêt, qui, elle aussi, a eu ses drames et ses fastes ; mais voici que déjà Ravenne nous entoure de ses premières maisons. Soyons donc tout à elle... dit M. Valmer.

Avant de pénétrer dans la ville, notre route a traversé des terres marécageuses, mais que l'on assainit continuellement par des travaux d'écoulement vers les rivières de *Montone* et de *Ronco*, ainsi que par une culture plus soignée des environs. Bon nombre de maisons de plaisance s'élèvent au milieu de jardins et de bosquets, et servent de faubourg à la vieille cité. Nous sommes arrivés aux remparts antiques, et nous allons en franchir la porte, lorsque M. Valmer me montre du doigt un pavillon du plus gracieux aspect ; et, en même temps arrêtant notre cheval, il descend, ouvre une grille, entre comme chez lui, cause quelques instants avec une sorte de *custode*, et venant prendre sans façon la bride de Garisenda, le conduit dans la cour et me dit alors :

— Nous voici, pour la durée de notre séjour à Ravenne, campés dans ce *retiro champêtre*. Cette ville qui est bâtie pour renfermer une population de cent mille âmes, et qui n'en compte que dix-huit mille six cents, ne possède qu'un seul hôtel, l'*Albergo della Spada Nuova*. M'est avis que nous aurons, plus d'agrément à prendre ici notre résidence. Qu'en dis-tu ?

— C'est parfait ! Mais sommes-nous donc dans une hôtellerie ? demandai-je.

— Non, mais dans une maison meublée... Ne vois-tu pas cet écriteau qui se balance à la grille ? répondit M. Valmer.

Vous ne pouvez vous représenter plus jolie maisonnette, ma bonne mère. Elle fait contraste avec les murailles mélancoliques de la noire Ravenne, et même avec les autres demeures, insultées par la fumée de je ne sais quelles usines, et déchirées par la vétusté, qui nous entourent. Abritée sous un grand platane, arbre séculaire orné d'un banc qui lui ceint le tronc, elle présente au voyageur une façade joyeuse et lui promet silencieusement une douce bienvenue. Les rideaux rouges du rez-de-chaussée et les draperies blanches des chambres de l'étage supérieur semblent dire aux brises : Entrez et ne vous gênez pas ! Les fenêtres sont décorées de fleurs logées dans des vases d'un vert éclatant qui se détache gaîment sur la muraille blanche et fraîche. Au seuil de la porte on voit le custode qui préside à l'emménagement de nos bagages. Le voici qui fait signe lui-même à un valet de placer notre carriole sous une remise, et à une femme de service d'apporter la plus belle herbe du pre pour rafraîchir Garisenda, qui, lui aussi, semble se réjouir de trouver une étable élégante comme celle qui l'attend dans un des angles de la cour.

Ce qu'il y a de plus appréciable encore, c'est que, tout en fumant mon cigare dans la cour, je vois que l'on couvre une table d'un linge blanc et parfumé, de cristaux, et de ces mille objets qui font paraître les mets plus savoureux. M. Valmer se met en frais de surprises à son tour ; car c'est à notre intention que se font ces apprêts, dans une délicieuse petite salle à manger, dont les fenêtres ouvertes nous permettront de voir des parterres que décorent des boutons d'or et d'argent, et, en massifs gracieux, ici et là, des corbeilles d'éricas, ficoïdes, fuschias, géraniums, mimosas, narcisses, pétunias, verveines, silénés, rhododendrons, que sais-je ? toutes les plus jolies fleurs du monde. Je parle des plates-bandes ; mais voici que sur notre table même, on dispose d'admirables gerbes d'adonydes, d'anémones, de calcéolaires, de campanules , de fraxinelles et de myosotis. Quels heureux mortels nous sommes ! Ici les délices d'une ville charmante, et là, à deux pas, derrière ces lignes de vieux murs, une cité historique fameuse, une cité reine, reine déchue, il est vrai, mais une de ces vieilles cités balafrées, pourfendues, boiteuses, cité du moyen-âge, comme on aime à en trouver pour s'initier à l'aspect, à la physionomie des temps qui ne sont plus !

Car Ravenne fut grande et puissante, en effet. Fondée par une colonie de Thessaliens, elle s'éleva peu à peu au milieu de vastes lagunes, sur le rivage occidental de l'Adriatique, en face de sables où croissaient de tous temps des forêts de sapins à têtes rondes. Ainsi, cette ville, au début de son existence, comme Venise, fut bâtie sur des pilotis et traversée par des canaux que l'on passait en bateaux ou sur de nombreux ponts. La marée, au moment du flux, y montait à une grande hauteur, en sorte que le reflux, contribuant avec les eaux courantes à emporter la vase, l'air y était parfaitement salubre. D'après *Strabon*, le plus savant des géographes de Grèce qui avait beaucoup voyagé, il ne fut pas possible aux Thessaliens de conserver cette colonie. Pour se défendre contre les agressions incessantes des Tyrrhéniens ou Étruques, ils appelèrent les Ombriens au partage de leur territoire. Néanmoins les Étrusques s'emparèrent de Ravenne, qui leur fut ensuite enlevée par les Sabins, et en dernier lieu par les Gaulois-Sénones, fixés au sud. Alors Ravenne acquit une telle importance que les Romains en convoitèrent la possession. Déjà elle avait fait alliance avec Rome, et sous le titre de ville fédérée, elle entretenait des relations de courtoisie avec le peuple-roi. Mais sa position au bord de l'Adriatique, et tout près des forêts de pins qui fournissaient d'excellents matériaux pour la construction des navires, fit que les Romains s'en rendirent maîtres, l'an 234 avant l'ère chrétienne. Ils en firent aussitôt une cité municipale et un poste militaire de premier ordre. En outre, comme la république avait toujours à Misène, sur la Méditerranée, une flotte équipée et montée par une légion, afin d'être à portée des Gaules, des Espagnes, de la Mauritanie, de l'Egypte, de la Sardaigne et de la Sicile, ils placèrent de même en surveillance, dans le port de Ravenne, une autre flotte, montée par une autre légion, qui par l'Adriatique observait l'Epire, la Macédoine, l'Achaïe, la Propontide, le Pont, tout l'Orient et les îles.

Puis, quand l'empire succéda à la république, Auguste, séduit par l'heureuse position maritime de Ravenne, agrandit son port formé par l'embouchure du *Bedesis*, aujourd'hui le *Ronco*, et le rendit capable de contenir deux cent cinquante vaisseaux de guerre, en y conduisant les eaux du Pô, par un canal qui traversait la ville et qui prit le nom de *Fossa Augusti*. Telle était la profondeur de ce port, que plus tard l'empereur Claude, après avoir triomphé de la Bretagne, y entra monté sur un navire qui, d'après *Pline*, semblait plutôt un palais qu'un vaisseau. Enfin, on construisit d'élégants édifices, de vastes palais, des temples, des arsenaux, des magasins, des casernes, et la ville, qui comptait à cette époque trois quartiers différents, l'antique *Ravenne* d'abord, puis *Cœsarea*, la ville neuve, et *Classis*, la partie du port, fut entourée d'une enceinte de fortifications, et défendue par de profonds fossés remplis d'eau courante.

Néanmoins d'Auguste, premier empereur de Rome, à Honorius, qui en fut le cinquante-troisième, c'est-à-dire, pendant l'espace de quatre cents ans, Ravenne fut une ville importante, sans doute, par l'abri qu'elle offrait aux flottes romaines, mais rien ne semblait l'appeler à l'importance politique qu'elle allait bientôt avoir.

Neuf ans après la division de l'empire romain en empire d'Occident et empire d'Orient, qui eut lieu en 393, l'approche d'Alaric, le roi des Goths, en chassant Honorius de Milan, détermina ce prince timide à venir chercher un asile dans un lieu que sa position rendait, pour ainsi dire, inexpugnable. Il y échappa aux atteintes de son ennemi, et heureux d'être si bien protégé, jamais plus il ne sortit des murs de Ravenne, qui devint la capitale de l'empire d'Occident. Ses faibles successeurs imitèrent son peuple.

Vous savez, ma bonne mère, comment se faisaient alors les empereurs? Par la corde, le poison, le poignard, ou avec de l'argent, qui voulait trouvait le chemin du trône. C'est ainsi qu'un des Barbares venus du nord dans le sud de l'Europe, le Patrice Oreste, ancien secrétaire d'Attila, chassa Julius Nepos, et plaça la pourpre impériale qu'il lui prit sur les épaules de son propre fils, Augustus Momyllus, plus connu sous le nom d'*Augustule*, et qui fut le dernier empereur. Mais les Barbares qui occupaient toutes les avenues de l'Italie et qui avaient prêté la main à cette révolution, réclamant d'Oreste, comme bonne main, l'abandon du tiers de la surface de l'Italie et Oreste le refusant, ces Barbares ayant Odoacre à leur tête, fondirent sur leur proie.

Odoacre, fils d'Edécon, chef des Scythes, commandait les Hérules, les Rugiens, les Thurselinges, quand il marcha contre Oreste. D'abord il prit d'assaut Pavie, où le Patrice s'était renfermé, et lui fit trancher la tête le 28 août 476. Quant à Augustule, il eut pitié de sa jeunesse et de sa beauté : il le laissa vivre et le chassa. Alors proclamé roi par les Barbares, Odoacre s'empare de Ravenne, le 1er septembre et y établit le siége de son gouvernement sans se parer, à l'égard des Italiens, de son titre de roi. Ainsi fut aboli l'empire d'Occident.

Mais, dans ce moment là même, l'empereur d'Orient, Zénon, préparait à Odoacre un cruel ennemi. C'était le jeune *Théodoric*, roi des Ostrogoths, qui, depuis quelques années , s'étant mis à la solde de la cour de Constantinople, confédérée avec les Barbares pour repousser les autres Barbares qui descendaient toujours du nord, humiliait et rançonnait à plaisir le maladroit Zénon. Trop heureux de se débarrasser d'un pareil auxiliaire, celui-ci prit le parti de céder à Théodoric l'Italie qu'occupait Odoacre. Aussitôt Théodoric, abandonnant la Thrace dévastée, se met en marche, et disperse sur son chemin les Gépides, les Slaves, les Bulgares que la politique d'Odoacre avait placés sur son passage. Lorsqu'enfin il eut franchi les Alpes Juliennes , Odoacre courut à sa rencontre. Il se plaça sur les bords du *Lizouso*, près des ruines d'Aquilée, pour lui disputer l'entrée de ses états. Mais son armée, qui ne combattit que mollement, fut défaite le 28 août 489. Une seconde armée qui défendait l'Adige, eut le même sort près de Vérone. Alors Odoacre se réfugie à Rome : mais Rome lui ferme ses portes. Aussitôt il lève de nouvelles troupes dans le midi de l'Italie, et revient à Ravenne, où il s'enferme, en faisant réparer les fortifications. Il a même l'heureuse chance de détruire, à Faenza, l'avant-garde des Ostrogoths qui arrivent à marches forcées. Bien plus, Théodoric, qui n'a obtenu les victoires d'Aquilée et de Vérone que par des pertes considérables, se voyant vaincu à Faenza, recule et se renferme dans Pavie. Heureusement pour lui, Alaric II, roi des Visigoths, lui mène des secours. Une quatrième bataille se livre sur les bords de l'Adda, le 11 août 490. Odoacre, une troisième fois vaincu, se rejette dans Ravenne. Cette fois Théodoric l'y assiége. Pendant le blocus, qui dure trois ans, le roi des Ostrogoths parcourt l'Italie en vainqueur; il entre même en maître dans Rome. Il s'empare aussi d'Arminium, la Rimini où nous serons bientôt, d'où Odoacre reçoit ses subsistances. Enfin il reprend le siège de Ravenne. Alors le vaillant Odoacre reconnaît qu'il n'a plus qu'à se rendre. Il capitule, en effet, le 27 février 493. Non content de lui laisser la liberté, Théodoric promet de partager avec lui l'empire d'Italie. Cruelle clémence! Voici que le Goth, accusant Odoacre de perfides desseins, tombe sur lui au milieu d'un repas, et le tue. Ainsi périt le Barbare ; mais ce barbare doit être représenté sous les traits les plus nobles : Odoacre était beau, il était courageux, il était libéral et doux. Bien qu'attaché à l'hérésie d'Arius, il se montrait tolérant envers les catholiques et surtout généreux vis-à-vis du Saint-Père. Et l'on peut dire de suite qu'il n'en fut pas toujours ainsi de Théodoric.

Néanmoins le règne de Théodoric fut, pour Ravenne et pour l'Italie, une époque de calme et de bonheur : des constructions nouvelles embellirent sa capitale. Un palais, plusieurs églises, un tombeau, des portiques témoignent encore de nos jours des goûts artistiques du roi des Goths. Il sut rattacher à sa personne la plupart des chefs barbares. Ainsi épousa-t-il Atoflède, la sœur de notre Clovis. En 507, nommé tuteur de son petit-fils Amalaric, roi des Visigoths, à Toulouse, il régna de fait sous son nom, chassa l'usurpateur Gésalie, défit un fils de Clovis devant Arles, et conserva la Septimanie aux Visigoths, malgré les attaques des Franks. En même temps, il rétablissait l'ordre en Italie, favorisait le commerce, l'agriculture, les lettres ; appelait près de lui les hommes les plus habiles, les Cassiodore, les Boèce, les Symmaque. Malheureusement, vers la fin de sa vie, il devint défiant, cruel, et, sur de faux soupçons, fit périr d'une façon barbare Boèce et Symmaque, ses ministres et ses meilleurs amis. Il mourait lui-même peu de temps après, en 526, en proie à une mélancolie profonde. Sans contredit, Théodoric fut le plus grand des rois barbares qui régnèrent sur l'Italie. Il possédait le génie de la civilisation et avait des vues généreuses et libérales.

A sa mort, *Amalasonthe*, sa fille, fit porter son corps dans le mausolée qu'il avait élevé de son vivant, et que l'on nomme de nos jours *Sainte-Marie de la Rotonde*. Sous le nom de son fils Athalaric, encore enfant, Amalasonthe se montra digne de prendre la place de Théodoric. Mais *Théodat*, frère de Théodoric, son ennemi, la chassa de Ravenne, l'exila dans une île du lac de Bolsena et l'y fit assassiner.

Alors l'empereur d'Orient, Justinien, déclare la guerre aux Ostrogoths. Son général Bélisaire, le vainqueur des Vandales et de Gélimer, leur roi, envahit l'Italie. Abandonné de ses soldats, par suite de sa lâcheté, Théodat voit élire a sa place *Vitigès*, le plus vaillant capitaine de Théodoric. Mais l'heure fatale avait sonné pour la puissance des Goths. Vitigès est dépouillé de toute l'Italie par l'intrépide Bélisaire, qui l'enferme dans Ravenne. Bientôt la famine amène la reddition de la ville, et l'an 540, Bélisaire entre en vainqueur dans les murs de l'inexpugnable Ravenne, dont il chasse tous les Goths, remplacés par une colonie d'Italiens.

De ce moment Ravenne relève des empereurs de Constantinople, qui en font un *exarchat*, régi directement par un *exarque* ou vice-roi, dont le pouvoir s'étend de Ravenne, la capitale, sur les nouvelles provinces qui composent cet exarchat, à savoir : La Vénitie, au nord, l'Emilie et la Flaminie à l'est et le territoire assis entre les Apennins et l'Adriatique, au sud.

Mais avant que l'exarchat soit complétement fondé, c'est-à-dire, jusqu'en 568, Narsès, qui a présidé aux opérations de Bélisaire pour le surveiller, et qui même a empêché ses succès sur plusieurs points, investi de toute la confiance de Justinien, commande à Ravenne sous le titre de duc d'Italie, rétablit l'ordre détruit par la guerre, réorganise le pouvoir, relève des villes, et enfin, en 568, livre l'exarchat prêt à fonctionner au premier exarque Longin. Jusqu'en 752, dans un espace de deux cents ans, à partir de ce Longin, dix-huit exarques gouvernent donc ce petit royaume. C'est dans cet intervalle que Ravenne prend cet aspect byzantin qui s'y est conservé à un plus haut degré que dans Constantinople même. Aussi plusieurs églises sont ornées de splendides mosaïques qui transmettent à la postérité les traditions de l'art.

En outre, comme Narsès, pour se venger de Sophie, femme de Justin II, qui lui retira son titre de duc d'Italie et le rappela à Constantinople, attira les Lombards en Italie, l'invasion de ces barbares fit affluer à Ravenne bon nombre d'habitants de Pavie, de Milan, de Vérone et de Padoue. La ville s'accrut ainsi d'un nombre considérable de citoyens, et sa richesse et son industrie s'en trouvèrent au mieux.

Lorsque les Lombards se furent rendus maîtres de la Haute-Italie, et quand Alboin eut expiré, à Vérone, sous le poignard de sa femme Rosemonde, qu'il avait obligée de boire dans le crâne de son père, ce fut à Ravenne que Rosemonde s'enfuit, avec Helmichis, l'assassin de son époux. Helmichis s'était flatté de succéder à Alboin et d'obtenir le trône et la main de Rosemonde; mais il n'eut que l'humiliant avantage d'être son époux. Les Lombards les ayant menacés d'un prompt châtiment, Rosemonde et Helmichis vinrent chercher un asile près de Longin, exarque de Ravenne, en annonçant qu'ils apportaient les trésors d'Alboin. L'exarque accorda l'hospitalité; mais comme il était sans mœurs, sans désintéressement et sans prudence, il se passionna pour la beauté de la reine, convoita surtout ses richesses, et lui promit de l'épouser si elle se délivrait de son nouvel époux. Un second crime ne pouvait effrayer Rosemonde. Comme Helmichis sortait du bain, elle lui présenta un breuvage empoisonné, en guise de délicieux cordial. Mais à peine en eut-il bu une partie, qu'il sentit dans ses entrailles un feu dévorant. Il lui suffit d'un seul regard pour comprendre que Rosemonde voulait lui arracher la vie. Alors, tirant son poignard, il contraignit la princesse à boire le reste du breuvage, et tous deux expirèrent en même temps.

C'est ainsi que le doigt de Dieu se montre! Quelle leçon pour les hommes que la pensée du crime obsède et poursuit!

Souvent Ravenne fut agitée par des révoltes et voulut secouer le joug de Bysance. Les Iconoclastes, en outre, y répandirent leur dangereuse doctrine. Mais la trompette des batailles vint encore rappeler les citoyens à l'union. Astolphe, roi des Lombards, s'empara de Ravenne en 752. Deux ans après, Pépin-le-Bref la leur reprit et la donna au Saint-Siége, en même temps qu'il prépara la destruction de la race lombarde que compléta Charlemagne.

Au XIV⁰ siècle, la famille des Polenta, dont naquit la fameuse Françoise de Rimini, étant feudataire du Saint-Siége, dans Ravenne, s'affranchit de la suzeraineté du pape. Ravenne recouvra donc ainsi sa liberté au moyen âge, mais elle lui fut bientôt ravie par les Vénitiens, en 1440. Toutefois, en 1509, elle revint au siége de Rome, après la bataille d'Agnadel, dans laquelle Louis XII battit les Vénitiens.

A quelque temps de là, en 1512, Ravenne devenait le théâtre d'autres faits qui intéressent l'histoire. C'était l'époque où la ligue de Cambrai, formée en 1508 par l'empereur d'Allemagne, Maximilien I⁰ʳ; le roi de France, Louis XII, le roi d'Aragon, Ferdinand le Catholique, et le pape Jules II, contre la république de Venise, venait d'être rompue. Les Vénitiens avaient été réduits à accepter les conditions les plus désavantageuses. Mais Jules II, satisfait d'avoir retiré de cette alliance les profits qu'il en attendait en rentrant dans la possession de ses domaines, avait rompu avec Louis XII et lui avait mis à dos les Espagnols. Pour se tirer de ce mauvais pas, il fallait à la France une armée et un vaillant capitaine : l'armée existait, le capitaine ne fit pas défaut.

Il avait nom *Gaston de Foix*, duc de Nemours. Le comte d'Etampes, vicomte de Narbonne, Jean de Foix était son père ; et, par sa mère, Isabelle de France, sœur de Louis XII, il était le neveu du monarque insulté. Il avait vingt ans. Or, il advint qu'à cet âge où les princes font leurs premières armes, Gaston fut le chef d'une puissante armée et s'éleva au rang de héros. Successeur du duc de Longueville, fils et digne héritier du vaillant Dunois, Gaston de Foix, à peine arrivé à l'armée, marcha droit à l'ennemi, battit les Suisses près de Como, les culbuta une seconde fois dans la plaine de Milan, et porta promptement secours à Bologne assiégée par les Espagnols, le pape et les Vénitiens réunis. Il délivra Bologne, et ce fut alors que la statue de Jules II, qui tout en bénissant le peuple semblait plutôt lui commander, fut brisée, puis fondue et devint la *Julienne*. Puis le jeune capitaine reprit Brescia sur les Vénitiens. La ville fut livrée au pillage, et ses habitants ne furent pas plus épargnés que sa garnison, si ce n'est la noble famille que sauva Bayard, qui logeait chez elle. Aussitôt Gaston, profitant de ces avantages, se porte avec une étonnante rapidité sur la Romagne. Là, une victoire plus éclatante encore, et plus décisive, l'attendait dans les champs de Ravenne.

Dans cette terrible journée, le héros de vingt ans justifie le surnom de *Foudre de Guerre* que lui ont donné les Espagnols. C'était le 11 avril 1512. Gaston, après une mêlée sanglante, reste maître du champ de bataille. Heureux s'il ne se fût point exposé comme un simple aventurier, car alors sa bravoure irréfléchie n'eût pas compromis l'importance de la victoire !

Mais, accompagné d'une vingtaine de braves, il chargea dans un défilé, où il fut enveloppé de toutes parts avec sa faible escorte, qui succomba sous le fer des Espagnols, forts de l'avantage de la position et du nombre. Le cheval de Gaston eut les jarrets coupés ; le prince tomba criblé de blessures. Quand Bayard accourut, il le trouva mort.

Hélas ! ce fatal dénouement rendit inutile la victoire de Ravenne, et eut une funeste influence sur le reste de la campagne. L'Italie fut perdue pour les Français.

Après ce résumé de l'histoire de Ravenne, ma bien-aimée mère, je vous prierai de me suivre dans la ville.

On y entre par six portes, la *Porta Adriana*, d'ordre dorique, ouvrage de 1585 ; la *Porta Alberoni*, due au cardinal de ce nom et datant de 1759 ; la *Porta San Manante*, de 1612, qui doit son nom à un couvent voisin ; la *Porta Nuova*, d'ordre corinthien, au millésime de 1655 ; la *Porta Serrata*, ou fermée à clef, parce que la jalouse république de Venise la condamna pendant le temps de sa domination sur Ravenne, et la *Porta Sisi*, de 1568.

Suit un dédale inextricable de rues solitaires, étroites, tortueuses, dans lequel l'herbe pousse et nichent les chouettes et les orfraies. « Ravenne, autrefois défendue par la mer, asile d'empereurs effrayés par les Barbares, dit

M. Valery, est encore plus déchue que Venise, asile des peuples fuyant devant Attila. » On marche comme à tâtons dans cette vaste enceinte : le cœur est serré ; l'âme mal à l'aise ; rien ne satisfait la curiosité. On y cherche les monuments dont les Romains avaient orné Ravenne ; et l'on n'en voit pas même les ruines. Tout au plus quelques soubassements informes et des inscriptions incomplètes rappellent-ils la grande Ravenne du Haut-Empire. Mais, du passage des Gots, on rencontre ici et là des vestiges nombreux et pleins d'intérêt.

C'est d'abord le *Palais de Théodoric*, sur la *Piazza Maggiore*. Il est formé d'un Portique que supportent huit colonnes de granit décorées des initiales du prince. Il ne savait pas écrire, paraît-il, et on dit que pour signer son nom il se servait d'une lame d'or percée à jour des cinq lettres **T H E O D**, dans le vide desquelles il passait la plume. Mais il voulait que son nom figurât sur les édifices qu'il construisait. Ce Portique conduisait à la basilique d'Hercule, monument romain qu'il avait restauré, mais qui n'existe plus. Un grand mur, dans lequel sont encastrées quelques colonnettes et une vasque de porphyre, indique seul la position de son palais détruit par Charlemagne, qui en fit porter en France les plus beaux débris. Ces colonnettes de marbre, la vasque de porphyre, simple baignoire antique, et le mur du palais, forment actuellement la façade d'un couvent de Franciscains.

Ensuite, hors de la ville, à un quart de lieue de son enceinte, en sortant par la Porta Serrata, maintenant ouverte, c'est le *Tombeau de Théodoric*, énorme et massive construction circulaire, dont le soubassement, avec ses dix arches en pierres de taille dentelées, est à moitié enfouie sous l'exhaussement du sol, et ne laisse entrevoir que les dix angles qui composent ses arcades. Il est couronné d'une énorme coupole monolithe, la plus grande pierre que possède l'Europe, qui n'a pas moins de trente-quatre pieds de diamètre et qui pèse plus de neuf cents milliers. Au-dessus de la coupole était placé le sarcophage de porphyre dans lequel Amalasonthe, la fille de Théodoric, fit ensevelir le corps de son père. Au-dehors, un escalier en marbre conduit à la plate-forme du Tombeau. A l'intérieur, l'édifice est rond, mais ne présente aucun ornement. En résumé, ce tombeau de Théodoric fut copié par ce prince sur les mausolées d'Adrien, d'Auguste et de Cæcilia Metella, qu'il avait vus à Rome. A cette heure on le consacre au culte sous le nom de *Santa Maria della Rotonda*.

Enfin c'est le beau monument de la Ravenne des Exarques, à savoir *Saint-Vitale*, le type le plus complet de l'architecture du Bas-Empire.

Justinen Ier, empereur d'Orient, et époux de Théodora, si célèbre par sa

beauté, mais encore par ses crimes et l'empire qu'elle exerça sur ce prince,
fit élever cette basilique sur l'emplacement d'une petite chapelle consacrée
au même saint par Théodoric. La magnificence byzantine s'y déploie dans
toute sa splendeur. « Les façades extérieures, dit M. Noel des Vergers, déna-
turées par la construction d'un vestibule moderne, offrent, il est vrai, peu
d'intérêt aujourd'hui : elles rappellent cependant la description donnée par
Eusèbe des temples élevés au temps de Constantin sur plusieurs points de la
Syrie, et qui sont, dit le chroniqueur d'une forme très-haute, à huit pans,
figura octaedra. Quant à l'intérieur, il garde encore l'originalité de sa distribution. Chacune des faces de l'octogone qui forme sa nef intérieure est occupée par une arcade d'une grande hauteur. Seize colones élevées, dont les
chapitaux ont à peu près la forme d'une pyramide tronquée et renversée, ont
toute l'élégance que puisse comporter l'art byzantin. Mais ce qui offre le plus
d'intérêt pour l'histoire de l'art et les habitudes du temps, ce sont deux tableaux en mosaïques qui occupent les faces latérales de l'abside. » Le premier représente l'empereur Justinien au milieu de sa cour et précédé de
sonclergé. Le second montre l'impératrice Théodora tenant un vase ou
reliquaire, et entourée de jeunes filles d'honneur. La manière dont sont trai-
tées les figures et les draperies, la richesse et l'originalité des costumes, l'action même qui paraît être la translation des reliques de saint Gervais et de
saint Protais, translation qui se fit immédiatement après l'achèvement de
l'édifice, font de ces mosaïques un document d'autant plus précieux que ceux
qui sont relatifs à cette époque sont plus rares. D'autres mosaïques représentant des sujets tirés de l'ancien et du Nouveau-Testament, complètent cette
splendide décoration.

Tout près de là se trouve une chapelle, *S. Nazaro e Celso*, élevée en 440
par *Galla Placidia*. Un sort étrange était réservé à cette femme. Elle naît à
Constantinople, la capitale de l'empire d'Orient, et meurt à Rome, la capitale
de l'empire d'Occident. Elle est sœur d'Arcadius et d'Honorius, dont l'un
règne à Constantinople et l'autre à Rome, comme souverains des conquêtes
romaines récemment divisées en deux empires. Elle est prise à Rome par
Alaric, en 409, et devient l'esclave d'Ataulphe, beau-frère du prince Goth,
qu'elle captive et qu'elle épouse. Ataulphe, roi des Goths, étant chassé des
Gaules par Constance, général d'Honorius, elle plaît au vainqueur et devient
sa femme. Alors elle donne le jour à Valentinien III, à Ravenne, en 419.
Ainsi, reine des Goths d'abord, impératrice d'Occident ensuite, après que son
second mari Constance III est fait Auguste, et qu'elle est revêtue du titre
d'*Augusta*, elle gouverne l'empire sous Honorius, à Ravenne, puis sous son

fils Valentinien III, et meurt en 450. Or, cette chapelle de S. Nazaro e Colso a été édifiée par Galla Placidia pour lui servir de sépulture, et, en effet, elle contient les tombeaux de cette impératrice, de son second époux Constance III et d'Honorius son frère. C'est derrière l'autel que l'on trouve le sarcophage colossal de Galla Placidia. Autrefois on y voyait sa statue assise sur un trône : à cette heure cet appendice a disparu.

Un jour, alors qu'elle allait fréquemment de Constantinople à Ravenne et de Ravenne à Constantinople, une horrible tempête faillit la faire périr. Galla Placidia fit vœu de consacrer un temple à saint Jean l'Evangéliste, si le ciel la rendait saine et sauve à Ravenne. Sauvée du naufrage, elle acquitta sa promesse. L'*Eglise Giovanni* qu'elle construisit alors, en la composant de trois nefs avec vingt-quatre colonnes, et d'un portail orné de sculptures relatives à la légende, mérite d'être visitée à cause du souvenir qui s'y rattache d'abord, et ensuite pour quelques belles peintures dont le *Giotto* l'a enrichie, et surtout aussi pour des fragments de mosaïques représentant l'esquif de Placidie, au milieu des vagues courroucées de la mer Adriatique.

La cathédrale, *Duomo*, dont la nef est soutenue par des colonnes de marbre grec, serait l'une des plus anciennes et des plus imposantes de l'Italie si des mains maladroites ne l'avaient mutilée en prétendant la moderner. Son *Baptistère*, séparé du vaisseau principal dont autrefois il formait une chapelle, a mieux conservé le caractère bysantin. On y voit encore des sculptures et des mosaïques du VIe siècle qui offrent le plus grand intérêt.

Je ne vous dirai rien des autres églises, ma bonne mère. En Italie, c'est un chapitre tellement inépuisable que pour peu qu'on veuille le traiter *in extenso*, on doit être assuré d'engendrer la monotonie.|

Mais je vais vous parler d'un monument d'une autre époque qui certainement éveillera vos sympathies. Il s'agit du *Tombeau du Dante*,

Vers 1030, dominait à Ravenne une famille puissante qui avait pour chef *Guido Novello da Polenta*. Guido était poète, c'est dire qu'il était grand, généreux et bon. Il avait une fille, *Francesca*, dont l'âme reflétait ses nobles qualités sur son beau visage : ce fut elle qui se rendit fameuse sous le nom de Françoise de Rimini ; mais le moment n'est pas venu de raconter le drame qui lui coûta la vie et la fit chanter par les poètes. Disons seulement que Guido et Francesca, le père et la fille, instruits par la renommée que Dante, chargé d'années, épuisé par les chagrins et les douleurs, le bâton blanc du voyageur à la main, errait à l'aventure, sans asile, comme les âmes dolentes qu'il peint dans son ourgatoire, lui avait écrit de venir près d'eux, à Ravenne.

Là, le poète florentin avait passé les dernières années de sa vie, entouré des soins de l'amitié, et mis à l'abri de toute peine par la protection du Guido Novella da Polenta. Puis il mourut, le 14 septembre 1321, sans jamais plus avoir revu sa patrie.

Quand il fut mort dans les bras de Guido, ce gentilhomme le fit enterrer avec honneur en *habit de poète*, dit la chronique. Mais les troubles civils ne laissèrent pas le temps à Guido d'élever un tombeau à Dante Alighieri; et, le généreux ami du poète ayant été chassé de Ravenne, le cadavre du Dante, qui reposait dans l'église des Frères-Mineurs de Saint-François, faillit être livré aux flammes par l'ordre d'un Beltram del Poggetto. Heureusement, pendant que Florence,

Quem genuit parvi Florentia mater amoris,

sans cœur pour celui qui avait reçu le jour dans ses murs et qui fait sa gloire et son honneur, poursuivait jusqu'à sa mémoire, cent soixante ans après sa mort, Bernard Bembo, podestat de Ravenne pour la république de Venise qui la possédait alors, et père du fameux cardinal de ce nom, voulut enfin achever l'œuvre de Guido Novello, en élevant à Dante un sépulcre digne de son génie.

C'est dans cette même église des Frères Mineurs de Saint-François, où il avait été enterré avec pompe par Guido, que s'élève ce tombeau de Dante. L'habile architecte et sculpteur *Pierre Lombardo* fit le dessin du mausolée qui s'éleva dans le cloître de l'Eglise, où nous le visitons. Mais il n'est plus tel qu'alors, car, en 1780, le cardinal Valenti Gonzaga, de Mantoue, le fit réédifier sur une forme nouvelle. Il forme un temple surmonté d'une coupole mesquine et de mauvais goût. Mais on y a conservé l'épitaphe latine du premier monument, attribuée à Dante lui-même, et dont je ne citerai que ce vers seul, car il devait suffire :

Hic claudor Dantes, patriis extorris ab oris.
Dante repose ici, banni de la ville qui le vit naître.

Du reste, qu'importent les défauts d'un mausolée, en regard de l'immense renommée de l'homme dont il recouvre les cendres?...

Nous avons visité encore, à Ravenne, l'*Académie des Beaux-Arts*, où nous trouvons de superbes toiles de *Léonard de Vinci*, de *Daniel de Volterra* du *Guerchin*, du *Guide*, de *Luca Giordano*, du *Tintoret*, d'*Albert Durer*, de *Ruben*, de *Teniers* et de *Gérard Dow* (1) ;

Puis le *Musée* qui possède des bronzes et des vases antiques fort curieux. Parmi les médailles, nous remarquons celle qui fut frappée par la ville de Magnésie, près du mont Sipyle, en Lydie, en l'honneur de *Cicéron*, et pour le remercier de ses bienfaits, alors qu'Auguste avait confié à son fils l'administration de l'Asie Mineure. C'est l'unique médaille de Cicéron que l'on possède. Nous trouvons aussi dans ce musée des diptyques, des ciselures et des curiosités dont M. Valmer ne se sépare qu'avec peine.

Je ne vous parle pas de la *Bibliothèque* que les couvents supprimés ont enrichie de quarante mille volumes et de sept cents manuscrits.

Tout au plus vous dirai-je que près de Ravenne naquit, en 1350, un certain Jean, qui, comme cela se pratique souvent de nos jours, à son nom vulgaire joignit celui, plus sorore, de Ravenne, et, devenu Jean de Ravenne, se fit l'élève de Pétrarque, et fut l'un des restaurateurs des lettres en Italie. Il ouvrit à Bellune, puis à Udine, puis en dernier lieu à Florence, de célèbres écoles d'où sortirent une foule de savants.

---

(1) *Luca Giordano*, né à Naples, en 1632, mort en 1701, est nommé quelquefois *Jordane*. On l'appelle aussi *Fra-Presto*, à cause de la facilité avec laquelle il travaillait. Cette facilité lui permettait d'imiter la manière des autres peintres, ce qui le fit encore appeler le *Protée de la Peinture*. Mais aussi son dessin n'est pas toujours correct. Toutefois sa couleur brille d'un délicieux éclat. Ses principales œuvres sont : *Sainte Cécile mourante*; l'*Enlèvement des Sabines*; le *Jugement de Pâris*; *Jésus se soumettant à la mort*; *Mars et Vénus servis par les Grâces et les Amours*. Ces trois derniers sont à Paris. — Ne pas confondre *Jordane* ou *Giordano* avec *J. Jordaëns*.

David Teniers, dit le *Vieux*, peintre flamand, est né à Anvers, en 1582, et mort en 1649, fut d'abord élève de *Rubens*, puis s'attacha à *Elzheimer*, qui ne peignait que des figures de petites proportions et devint son imitateur. Il fut père de *David Teniers*, dit le *Jeune*, qui fut encore plus célèbre que lui. On a, de *Teniers Vieux*, une foule de scènes villageoises, grotesques et naïves, des intérieurs, des réunions de buveurs, de fumeurs, de charlatans, etc., où il y a de la vérité, du charme, etc. Mais ses tableaux sont difficiles à distinguer de ceux de son fils. Celui-ci, *Teniers Jeune*, est un des artistes qui ont manié les pinceaux avec le plus de facilité. Il affectionne surtout le genre de son père. Il fut gentilhomme de la chambre de Léopold, et eut don Juan d'Autriche pour élève.

Gérard Dow, peintre hollandais, élève de *Rembrandt*, naquit à Leyde, en 1613, et mourut en 1674. Il s'attacha à représenter les objets de la vie commune et la nature morte. Tous ses tableaux sont d'un fini admirable. On remarque, entre autres, la *Femme hydropique* regardée comme un chef-d'œuvre ; la *Jeune Ménagère* ; l'*Épicière de Village* ; le *Trompette* ; une *Cuisinière Hollandaise* ; le *Peseur d'Or* ; une *Vieille Femme en prière* ; l'*Astrologue*, etc., enfin les *Portraits de sa famille* et le sien.

Maintenant, nonobstant notre charmante petite villa, ses beaux ombrages et ses parterres, j'ai hâte de quitter Ravenne. On meurt de consomption dans cette ancienne capitale, grande comme Lyon, et qui n'a pas la population de Carpentras. A peine son soleil a-t-il disparu, qu'il faut se coucher, car les reverbères trop rares et très-fumeux qui éclairent la ville de la façon la plus sinistre, pendant la nuit, font ressembler ses rues à des vallées sinueuses dans lesquelles errent à l'aventure des ombres qui vont à tâtons et semblent vouloir mettre les mains dans vos poches.

Aussi nous partons demain pour Rimini, et je me fais une joie de revoir la nature et ses beautés, au milieu d'une ville morte dont l'influence vous change infailliblement en momie. Déjà M. Valmer a perdu ses couleurs et ressemble à un Lampong de Sumatra; pour moi, quand je me lève, en me voyant dans la glace de ma chambre, je me tâte et me palpe, afin de m'assurer que je ne suis pas un Egyptien extrait depuis peu des catacombes de Louqsor ou de Karnak.

En avant donc, et vive notre petit Garisenda! Je l'entends qui hennit joyeusement à la pensée de galopper demain le long de la côte de l'Adriatique. Mais il n'emportera que mon corps, car mon âme vole vers vous.

Sur ce, cher cœur, je vous baise les mains, vous demandant de me suivre en pensée, sans soucis, sans la moindre anxiété, le sourire aux lèvres, la paix dans la poitrine, et je prie Dieu qu'il vous ait en sa sainte et digne garde, celle d'un ange qui vous protége et vous bénisse, au nom du fils qui vous aime

Emile DOULET.

IV

A MADAME DRIOU-LEROY, A PARIS.

Rimini, 15 octobre 185...

Vous devez savoir, par une lettre datée de Ravenne, qui certainement vous aura été communiquée, ma bien-aimée tante, que nous cheminions à cette heure, Emile et moi, le long de la côte occidentele de l'Adriatique, descendant vers le sud, dans une délicieuse petite voiture, attelée d'un joli cheval bai-brun, qui a nom Garisenda. Ne craignez pas que prenant le mors aux dents, notre Garisenda fasse un écart et nous précipite dans la mer. Non

Comme je sais que vous êtes prompte à vous inquiéter, soit que nous voya-
gions en chemin de fer, en bateau à vapeur, à cheval, en poste et même à
pied, je vous apprendrai que notre route n'est pas exactement tracée de pic
sur le rivage. En quittant Ravenne, cette route blanche suit une forêt de pins,
appelée Pineta, qui sépare Ravenne de la côte, comme un rideau de verdure. Rien de plus imposant que cette ligne sans fin d'arbres immenses,
dont les troncs s'élancent jusqu'à une hauteur de quatre-vingts pieds, et
dont les larges têtes forment un dôme de feuillage qui ne laisse pénétrer
qu'une douce et mystérieuse lumière. Au milieu de cette luxuriante végétation, on comprend que la Pineta de Ravenne ait inspiré tour à tour le Dante
et lord Byron, qui l'ont chantée. Cette forêt produit d'excellents bois de
construction, qui, pour la plupart, vendus aux Etats voisins, alimentent les
chantiers de Trieste ou de Venise. On y recueille en grande quantité ces
amandes de la pomme de pin-pignon, qu'on emploie en Italie dans la confec-
tion de diverses pâtisseries, et le gibier, qui y abonde, est une autre ressource
précieuse pour les habitants de Ravenne.

A trois milles environ des murailles de cette ville, on voit s'élever de
terre et on admire comme une majestueuse apparition la grande *Basilique
de S.-Apollinaire in Classe.* Ce dernier nom, *in Classe,* indique que cette
belle église faisait partie du faubourg de Ravenne voisin du port, lequel est
éloigné de plus d'une lieue de la ville aujourd'hui, et servait de station à la
flotte, *Classis.* Le faubourg de Classis fut détruit par Luitprand, roi des Lombards, en 728. Heureusement la basilique de Saint-Apollinaire, bienheureux
martyr, disciple de saint Pierre et le premier qui porta la parole du Christ à
Ravenne, fondée en 533, par Julianus Argentarius et consacrée en 549, par
l'archevêque Maximien, fut laissée presque intacte, à l'exception du portique, par le farouche Luitprand. Seulement un noble citoyen de Rimini, Malatesta, s'empara de son revêtement en marbre, le porta dans sa ville et en
décora une nouvelle Eglise de Saint-François, en 1450. Telle qu'elle est, la
basilique de Saint-Apollinaire se compose de trois nefs et compte vingt-quatre colonnes, en marbre cipolin, le plus rare et le plus beau, que surmontent
de magnifiques chapiteaux corinthiens. Son maître-autel est enrichi de marbres et appuyé de quatre colonnes orientales. Le tombeau du saint Martyr
est placé sous cet autel, mais il est fréquemment atteint par les inondations
qui recouvrent d'eau presque chaque hiver le pavé de l'église. L'abside est
ornée de mosaïques fort curieuses. La demi-coupole est décorée d'une grande
croix, et l'on voit, de chaque côté, Moïse et Elie. Au-dessous paraît saint
Apollinaire, adressant la parole à un troupeau de brebis, emblème de la fa-

mille chrétienne. Autour des murs, à l'intérieur, se dressent des sarcophages en marbre qui renferment les cendres de quelque-uns des archevêques de Ravenne ; et, dans la tribune, on peut voir les portraits de tous ces pontifes, en commençant par celui de saint Apollinaire, martyrisé sous Vespasien, disposés dans le même ordre que les portraits des Papes le sont dans la nouvelle basilique de Saint-Paul, hors des murs, près de Rome.

Cette basilique disparaît bientôt derrière nous ; et c'est en vain que, pour égayer les loisirs de notre pérégrination, nous cherchons à avoir vue sur l'Adriatique dont d'affreux bancs de sables nous en cachent presque toujours les beaux aspects.

Mais précisément parce que nous ne voyons cette mer que par des échappées fugitives, j'ai besoin de vous en parler, ma chère tante ; vous avez tant de sympathies pour les eaux ! Laissez-moi donc vous dire que la *Mer Adriatique* est un bras de la Méditerranée qui, tournant au sud de l'Italie, s'enfonce dans les terres d'une profondeur de deux cents lieues, et baigne les côtes orientales de la Péninsule Italique d'une part, et, de l'autre, l'Illyrie, la Croatie, la Dalmatie et l'Albanie. L'Adriatique a le même niveau que la Méditerranée, et l'effet des marées y est peu sensible. Ses abîmes sont formés d'un lit de calcaire et de coquillages dont on trouve une grande quantité sur les rivages, où j'ai collectionné les plus beaux à votre intention. En résumé, la superficie totale de ce bras de mer est de huit mille cent quatre-vingts lieues carrées.

Dans un temps, on avait eu la pensée de couper l'Italie dans son milieu, par un canal, et de faire communiquer la mer Adriatique avec la partie de la Méditerranée que l'on nomme mer Tyrrhénienne. Ce canal devait partir d'Ancône, et arriver à Livourne, d'un côté, mais se bifurquant à Pérouse il devait suivre le Tibre, passer à Rome et aboutir à Ostie. Il en fut de ce projet, comme il en est de tant de projets humains.

L'Adriatique possède des golfes importants. Le premier de tous, par son importance commerciale, est le *Golfe de Trieste*, l'antique *Tergeste*. Vien : ensuite le *Golfe de Venise*, qui s'étend de l'embouchure du Tagliamento au delta du Pô. Enfin, après ces deux premiers, l'on cite le *Golfe de Manfredonia*, entre la Capitanate et la Terre du Barri, comme l'un des plus vastes, car il a huit lieues de profondeur. Des autres, plus petits, je ne vous dis rien.

Mais l'Adriatique a un ennemi, ce sont les sables qu'y charrient les nombreux cours d'eaux venant des Alpes et des Apennins. Ce sont eux qui forment sur les bords de cette mer d'immenses marais, tels que les lagunes de Venise, les vallées de Comacchio, etc., où l'on voit quelques îles flottantes. Aussi la plupart des grands ports d'autrefois, ceux de Ravenne, de Rimini, d'Ancône, etc., sont-ils comblés par des attérissements successifs qui font que le rivage empiète sur la mer et que les villes, qui possédaient ces ports, sont à présent éloignées des eaux, qui les baignaient, de une et plusieurs lieues.

Néanmoins, les côtes de l'Adriatique sont pittoresques sur beaucoup de points. Mais ce qui ajoute à l'impression qu'elles produisent c'est la pensée qu'au-delà de cette mer, à l'Orient, s'élèvent les montagnes de la Thrace, s'étend le sol de la Macédoine, se trouvent la Grèce, ses défilés, ses fleuves, ses plaines, ses ruines : aussitôt l'imagination, éblouie par les radieux souvenirs de l'histoire, ne voit plus que poésie autour d'elle. L'homme fatalement trop petit, s'exhaussant sur la pointe du pied et mettant la main sur ses yeux, cherche, mais en vain, hélas ! à plonger le regard par-dessus les vagues d'or qui le séparent de cette terre classique ! Il ne peut que voir en esprit ce merveilleux théâtre dont les immortels acteurs l'ont captivé pendant les longues années de ses études et ont eu les premiers et enthousiastes hommages de sa jeune admiration...

Pendant que la mer Adriatique me livrait à des rêveries rétrospectives, nous avions à notre droite, au loin, sur la Voie Emilienne, la cité de *Forli*, jadis *Forum Livii*, ainsi nommée de *Livius Salinator*, ce consul romain qui défit Asdrubal, lorsqu'il conduisait son secours de soixante mille Carthaginois à son frère Annibal. Après sa victoire, dont il devait une bonne part à Néron, son collègue, venu en six jours du fond du Brutium, pour arrêter la marche d'Asdrubal, qui fut tué, et dont Néron porta la tête à Annibal, Livius Salinator fonda cette ville nouvelle, Forum Livii, sur les premières ondulations des Apennins.

En 1521, dans la guerre qui suivit la Ligue de Cambrai, nos Français, commandés par Gaston de Foix et Bayard, battirent à plate couture les Espagnols, dans la plaine qui s'étend entre Forli et la mer Adriatique.

Nous traversons ensuite le *Servio*, petit cours d'eau de peu de valeur, et en laissant rapidement derrière nous *Cervia*, une bourgade qui languit au milieu des marais comme une fleur atrophiée, nous atteignons *Asenatico*, assez joli village, placé à moitié route entre Ravenne et Rimini.

Enfin nous arrivons sur les bords d'un ruisseau qui semble avoir soif tant son eau coule lentement sur son lit de cailloux, et déjà Garisenda veut la franchir d'un pied dédaigneux, lorsque messire Emile, saisissant la bride, arrête court notre bucéphale, et s'écrie :

— Malheur à nous ! voici le *Rubicon*... Sommes-nous donc des Césars pour sauter ainsi à pieds joints sur cette limite sacrée de la Gaule Cisalpine, et entrer dans l'Italie proprement dite, sans une autorisation bien en règle de la souveraine maîtresse du monde, Rome ?

— Hélas ! la souveraine maîtresse du monde est trépassée depuis long-temps, et le Rubicon n'est autre chose à cette heure que l'*Uso*, formé de ces trois cours d'eau que tu vois, là-bas, briller dans la plaine comme des rubans d'argent, sous les noms de *Pisciatello*, *Ragosta* et *Fiumicino*.

— En tous cas, arrêtons-nous, et saluons cette modeste rivière, si fameuse pourtant, et le pont romain qui la couvre... continue Emile. J'ai le cœur qui bat avec effort dans ma poitrine, en songeant que ce fut en ce lieu que César, irrité des hostilités que Pompée lui créait dans Rome, après avoir franchi les Alpes, vint passer le Rubicon afin d'éviter les défilés, dangereux pour son armée, de la Voie Emilienne, et s'écriant *Alea jacta est!* s'élança, de ce pont, sur Rome, pour y porter la guerre civile.

Je respecte les nobles impressions que subit mon compagnon de voyage : nous examinons donc et le Rubicon, et le pont romain qui le couvre.

Une heure après nous apercevions, *Rimini*, l'antique *Ariminium*, s'éle-vant mélancoliquement dans la plaine, sur les bords marécageux de la mer, et, par un autre pont romain et un arc-de-triomphe, nous entrions dans la cité qu'immortalise Francesca di Rimini.

Cette capitale de l'Ombrie, dans l'origine, avait un excellent port ; nous en trouvons à peine les traces. Jules César employa des sommes considéra-bles à l'embellir, et, Octave, devenu le premier empereur de Rome, sous le nom d'Auguste, y acheva les embellissements commencés par son bien-faiteur, et dont plusieurs subsistent encore. Notre première visite leur appar-tient de droit.

C'est d'abord le pont romain qui s'appelle le Pont d'Auguste, sur lequel nous avons traversé la rivière *Ariminius*, maintenant la *Marecchia*, en en-trant dans la ville. Ce pont termine la Voie Emilienne qui s'arrête à Rimini. Il n'a pas moins de deux cents pieds de longueur et se compose de cinq arches. On lit sur la pierre du parapet, pierre blanche tirée de l'Istrie, l'inscription antique relative à sa construction. Auguste mourut avant que ce pont fût complétement terminé. Mais Tibère l'acheva.

Vient ensuite l'*Arco Triomfale* ou la *Porta Romana*, que les habitants d'Ariminium élevèrent à la gloire d'Auguste et comme témoignage de leur reconnaissance pour la réparation des grandes Voies Romaines qui aboutis-saient à leur ville. Cet arc-de-triomphe est en fort belle pierre blanche, imi-tant le marbre par ses tons et sa dureté, et venant d'Istrie, comme celle du pont. L'architecture de ce monument est simple, mais lourde. Elle se compose d'un fronton supporté par deux demi-colonnes corinthiennes. Des médaillons, représentant Neptune et Vénus à l'intérieur, et au-dehors, Jupiter et Junon, décorent l'entre-deux de l'arcade et des colonnes.

Enfin, dans le milieu de la ville, sur la *Piazza del Mercato*, on voit une pierre colossale, taillée en forme de tribune, du haut de laquelle la tradition rapporte qu'après avoir franchi le Rubicon, avant de les faire marcher contre Rome, Pompée et le sénat, Jules César fit entendre un discours véhément à ses soldats. Vous comprenez quel intérêt nous offre cette pierre qui a nom, à Rimini, *Piedestallo di Cesare*.

Autour de ces magnifiques souvenirs de la puissance romaine, groupez une série de larges rues qui rayonnent dans tous les sens ; composez ces rues de maisons bien bâties ; établissez ici un *Marché aux Poissons* entouré d'arcades, là ouvrez une *Piazza Maggiore* ornée d'une fontaine et de la statue de bronze du pape Paul V ; de l'ancienne *Cathédrale* élevée sur les décombres d'un temple de Castor et Pollux, faites une caserne occupée par des carabiniers pontificaux ; dressez ici le *Domo Nuovo*, dédié à San-Francesco, église du VIe siècle ; entre la ville et la mer, couronnez un mamelon romantique d'une *Citadelle* de très-belle construction, et vous aurez à peu près l'idée de Rimini. Seulement, quoique peuplée de dix mille citoyens, gardez-vous de vous figurer voir la foule aller et venir dans les rues et sur les places ! Rimini est grande, elle est belle même, mais elle est solitaire, elle est comme déserte, elle est triste.

Son rôle dans l'ancien temps a toujours été modeste. Elle n'eut de vie réelle que sous Auguste, qui l'aimait, et à cause des deux Voies : l'Emilienne qui lui venait de Rome, en passant par Pise, Plaisance, Modène, Bologne, etc., et la Flaminienne qui, partant de son enceinte, allait à Rome aussi, mais par le pays des *Senones*, l'Ombrie et la Sabine. César s'était emparé de vive force de Rimini, en 49 avant J.-C., après avoir passé le Rubicon. Vitigès, roi des Ostrogoths, l'assiégea en 438 ; mais elle fut délivrée par Bélisaire. Après avoir appartenu aux exarques grecs de Constantinople, elle devint la proie des Lombards. Mais, les Lombards exterminés par Charlemagne, qui la réunit à la Pentapole, dont il fit généreusement don aux Papes, elle tombe sous la domination des empereurs d'Allemagne. En 1200, Othon III s'y donna, pour vicaire de l'empire, un *Malatesta*, chef d'une famille issue, comme les Montefeltro, de la maison des comtes de Carpagna. Son véritable nom était *Verruchio*; mais il se fit donner le surnom de Malatesta, qui signifie *mauvaise tête*. C'était un rude gaillard en effet. Choisi par les Guelfes de Bologne pour combattre les Gibelins de la Romagne, Malatesta tourna casaque, se fit Gibelin, s'empara de Rimini au détriment des Bolonais, et alla courtiser Othon, qui le fit son lieutenant. Malatesta rendit son pouvoir héréditaire. Ses descendants conquirent les villes de Cesena, Pesaro, Fano, Fossombrona, le long de la côte de l'Adriatique. L'un d'eux, *Galeotto*, eut même le talent de se faire reconnaître souverain de Rimini par le Pape, devenu maître de la Romagne. Mais, plus tard, un autre Malatesta ayant vendu Rimini aux Vénitiens, ces derniers la perdirent dans la bataille de Gera d'Adda, en 1528, après la Ligue de Cambrai, contre le Saint-Père. Depuis cette époque, Rimini resta définitivement aux Papes, nonobstant les intrigues des Malatesta.

A l'occasion de cette famille des Malatesta, je vous dois l'histoire de Françoise de Rimini, dont je vous ai annoncé, ma chère tante, le drame curieux et intéressant.

Il y avait autrefois, vers la fin du xiiie siècle, à Ravenne, une illustre maison qui s'honorait du nom de dà Polenta. De *Guido dà Polenta*, devenu veuf, il était resté une fille, *Francesca*. C'était une femme d'une extrême beauté et aussi aimable que belle. Son père la maria de bonne heure à *Lanciotto*, fils d'un *Malatesta*, seigneur de Rimini, d'où elle prit le nom qui l'a rendue célèbre de *Francesca di Rimini*. Lenciotto, guerrier rempli de valeur et de noblesse, était malheureusement tout à fait difforme. Mais il avait un frère, *Paolo*, qui, au contraire, était un beau chevalier, plein de courtoisie. Hélas ! la belle Francesca ne tarda pas à délaisser son mari pour son beau-frère. Un jour, jour fatal ! Lencietto surprit Paolo et Francesca... Dans sa colère, le soldat saisit son glaive, et les perça d'outre en outre...

Voilà ce que l'on sait généralement de cette tragédie intime, et le souvenir de Françoise de Rimini se serait perdu pour nous, s'il ne nous avait été conservé dans les vers les plus harmonieux du *Dante*.

Ce même drame a dicté également une œuvre tragique pleine de sentiment et de poésie au prisonnier du Spielberg, *Silvio Pellico*. Enfin, en 1835, vous souvient-il d'avoir vu, à l'Exposition, une toile merveilleuse, due au talent de *M. Ary Scheffer?* C'était encore Francesca de Rimini, qui la lui avait inspirée.

Elle nous donne à nous le désir de voir le palais qu'habita cette héroïne infortunée. On nous y conduit. Nous trouvons un palais en effet, le Palais Ruffi, massif architectural assez élégant, qui cache dans son enceinte et sous ses murailles ce qui reste de l'ancienne demeure des Malatesta. C'est là que s'accomplit le drame en question ; mais s'il y a trop de pierres à compter pour

connaître le palais Ruffi, il n'y en a pas assez du palais Malatesta pour satis-
faire notre curiosité.

Nous nous dédommageons en examinant, au retour, *la Chiesa San-Francesco*. Je vous ai dit que c'est un monument du xv⁰ siècle, dont l'architec-
tecte fut *L. Batista Alberti*. On y voit, dans le pourtour de l'intérieur,
une série de mausolées, d'après l'antique, dans lesquels Malatesta prétendait faire inhumer tous les hommes fameux qu'il conviait à sa cour. Le com-
mentateur d'Aristote, *Thémistios*, est le premier héros de ce Panthéon.
Nous y trouvons aussi à gauche de l'entrée, le tombeau d'*Isotta*, la sa-
vante épouse de *Sigismond*, dont les chiffres, avec les armes de Malatesta,
la rose et l'éléphant, sont répétés en mille endroits de cet édifice gothique du
meilleur goût.

Une journée a suffi pour nous faire savoir notre Rimini par cœur, chère
tante. Aussi, n'ayant plus rien à y voir, Garisenda étant parfaitement reposé,
repu, pansé, mis en bonne humeur, et Emile, commençant à fumer son quatrième cigare pour tuer le temps, après un déjeuner composé d'un poisson
exquis, comme on n'en trouve qu'à Rimini, et d'un vin blanc délicieux,
comme la république de Saint-Marin peut seule en offrir à ses voisins, nous
nous décidons à nous acheminer vers Ancône. C'est de là que je continuerai
cette lettre, commencée ici, à l'*Albergo della Fontana*.

Ancône, 30 septembre 185...

Je ne suis pas démocrate, quoique prolétaire, vous le savez, chère tante :
Cependant, après nos adieux à Rimini, hier, et avant d'entrer dans la légation d'Ancône, j'ai eu la velléité d'aller saluer la cité républicaine de Saint-
Marin, qu'à notre sortie de Rimini, nous voyions s'élever, à notre droite,
sur les plateaux des Apennins naissants. Au début d'une belle journée,
quand le soleil s'élance rutilant dans les cieux ; que l'alouette chante dans les
blés, et les cailles dans les rizières ; alors que les accidents du sol sont ici
dorés par les reflets du jour, là baignés de pénombres mélancoliques ; qu'au
loin, de nombreux villages, tapis dans la fourrure des bocages, ne révèlent
leur présence que par leur clocher blanc qui porte vers la nue sa tour élancée, on sent son âme s'ouvrir à la jouissance de la belle nature; on désire

aller, venir, parcourir l'espace, tout voir, tout connaître. Comme des écoliers livrés à l'école buissonnière, volontiers on poursuivrait phalènes et papillons, on irait à la picorée dans les vergers, on ferait la chasse aux oiseaux, que sais-je ? C'est bien là ce qui nous arrive, à Émile et à moi, lorsque nous commençons à rouler sur la route qui longe la côte de l'Adriatique, et en face de cette magnifique et splendide nature de l'Italie.

— Allons tâter le pouls de la République de Saint-Marin, dis-je un peu à l'aventure : de notre temps, toutes les républiques ont plus ou moins la fièvre. Assurons-nous donc de l'état sanitaire de celle que tu vois, là-haut, nichée sur le talus verdoyant de ces collines, et qui semble nous dire tout son bonheur...

— Va pour la république de Saint-Marin ! répond Émile. C'est Garisenda qui en aura le plus de mal ; mais je lui promets une si délicieuse provende dans une bonne écurie démocratique qu'il sera le premier à nous remercier de notre excursion.

Sur ce, Garisenda qui, en animal parfaitement éduqué, a compris l'engagement pris à son endroit, répond par un hennissement en sourdine, et, la bride quelque peu tirée à droite, prend la route de la ville, route fort escarpée, très-sauvage, on ne peut plus pittoresque, et richement entretenue qui se dirige vers l'Abennin.

— Cher maître, me dit Émile, pendant les deux heures qu'il nous faudra mettre pour atteindre Saint-Marin, édifiez-moi, je vous prie, sur l'origine, le développement, les lois, etc., de cette dive République.

— Il me faudra beaucoup moins de temps, mon bon, car l'histoire en question n'est pas aussi longue que tu penses, lui dis-je. Mais elle est de premier choix ; je t'en fais le juge. Au iii⁰ siècle, c'est vieux déjà, alors que les Romains faisaient réparer le port d'Ariminium, un maçon, un simple maçon, nommé *Marino*, et venu de Dalmatie pour trouver du travail en Italie, fatigué d'avoir passé trente ans de sa vie à la maçonnerie du port, quitta son dur labeur, et vint chercher un asile sur cette montagne sauvage. Marino était chrétien, pieux chrétien, et il voulait vivre désormais en solitaire. Sur cette montagne, qui a nom *Titano*, le brave maçon, qui n'avait jamais travaillé que pour les autres, travailla enfin pour lui-même, et se construisit une cellule dans l'endroit le plus abrupte du Titano. Alors il se livra tout entier à des pratiques de piété. La renommée de sa sainteté lui attira bientôt de nombreux disciples, et il y eut même une princesse qui voulut lui faire don de la montagne. Marino mourut, comme meurent les saints, dans l'obscurité, mais il se réveilla dans la splendeur des cieux. Après sa mort, la cellule qu'il avait habitée attira bon nombre de solitaires qui s'établirent dans son voisinage. Telle fut l'origine de la cité de *Saint-Marin*.

Grâce à son peu d'importance, cette république modèle traversa les siècles, et put échapper aux tourmentes politiques si fatales aux grands empires. Toutefois, dans le xviii° siècle, *Albéroni*, un légat du Saint-Siège, s'avisa de porter la main sur l'arche sainte. Mais Saint-Marin, que la République honore le 4 septembre, la protégea très-efficacement de ses prières, et notre grand général, Bonaparte, de ses armes. Il offrit à la ville de Saint-Marin l'amitié de la république française, sa sœur en démocratie, et lui proposa même d'étendre son territoire. La ville refusa. Aussi, comme témoignage d'estime pour sa modération, les Français gratifièrent de quatre pièces de canon la vénérable République. Dès lors, envers et contre tous, Saint-Marin figura au nombre des Etats de l'Europe.

Veux-tu l'énumération de sa force, de sa puissance, de ses ressources ? Prète-moi une oreille attentive :

La superficie du territoire de la République est de dix-huit milles carrés, *carrés*, note bien ceci.

Sa population se compose de sept mille six cents habitants.

Ses revenus sont portés à six mille scudi, et sa dépense à quatre mille.

Son armée compte quarante hommes, dont vingt musiciens...

Le *Grand Conseil Souverain* est formé de vingt nobles, vingt bourgeois, vingt propriétaires, total soixante membres.

Quatre de ces membres pris parmi ceux qui résident extra-muros, et huit appartenant aux citadins, composent la *Chambre Haute* ou le *Conseil des Douze*, infiniment moins redoutable que le Conseil des Dix de Venise.

Enfin, chaque citoyen majeur fait, de droit, partie de l'*Assemblée du Peuple*, qui nomme directement le *Generale Consiglio Principe*.

Le *Pouvoir Exécutif* est confié à deux capitaines choisis parmi les membres de ce grand conseil.

Dixi.

— Et ils sont tous heureux, n'est-ce pas? Eh bien ! c'est là le point capital : je les en félicite, et vive la République... de Saint-Marin! fait Emile, qui rit depuis un quart-d'heure, surtout à l'énumération des forces militaires de la susdite République.

Chère tante, je n'ai rien à vous dire de l'enceinte, des redoutes, de la citadelle, des monuments, etc., de la ville de Saint-Marin. Zéro complet. Mais la petite ville a ceci de remarquable, et cela vaut mieux que toutes les fortifications possibles, que du plateau qu'elle occupe, le regard du touriste s'égare avec admiration sur toute l'étendue de la mer Adriatique qui semble une gigantesque lame d'un cristal flamboyant, enchâssée dans l'or mat, et les émeraudes des terres. On voit même les côtes de la Dalmatie qui se montrent à nous bleuâtres, blanches, sinueuses, comme d'immenses nuages flottants par-dessus l'Adriatique qui nous en sépare. Mais pour jouir de ce merveilleux spectacle, il faut un beau ciel bleu, et un air calme et pur, comme ceux dont Dieu nous gratifiait hier.

Nous avons tenu parole : Garisenda a dîné comme doivent dîner dans les Champs-Elysées mythologiques et Bucéphale et tous les illustres coursiers des grands capitaines de l'antiquité. Pour nous, une salade et du veau froid ont fait le menu de notre frugal repas, selon la recette transmise par MM. Proudhon, Sobrier, Raspail, et tous les héros du grand tohu-bohu français de 1848, à tout bon citoyen d'une vraie République. Nous ne pouvions mieux honorer la ville de Saint-Marin.

Une fois redescendus dans la plaine, nous avons rapidement roulé vers *la Cattolica*, un village qui baigne ses pieds dans l'Adriatique. Ses habitants devraient faire semblable opération, car ils ne m'ont pas semblé des plus propres. Ce nom de Cattolica est donné au village, parce qu'il devint le refuge des évêques orthodoxes qui, lors du concile de Rimini, au VIᵉ siècle, se séparèrent des évêques Ariens.

A la Cattolica on dit adieu à la Romagne, et on entre dans le duché d'Urbin qui la sépare de la Marche d'Ancône (1).

Comté d'abord, puis *duché*, le *territoire d'Urbin* commençait à faire figure en 1213, et, après avoir été réduit primitivement à la ville d'*Urbin*, il s'agrandissait notablement au XIVᵉ siècle. Le premier duc d'Urbin fut *Furerigo di Montefeltro*, qui se rendit célèbre comme homme de guerre et comme homme politique, mais aussi pour la protection puissante qu'il donna aux lettres. Son fils, *Guido Ubaldo Iᵉʳ*, suivit cet exemple, et sa femme, *Elisabeth Gonzaga*, mérite, comme son mari, d'être signalée à la postérité pour son goût, son élégance et son esprit cultivé. L'un et l'autre contribuèrent à faire de la cour d'Urbin l'une des plus brillantes de l'Italie. Unis à la famille de

---

(1) *Marche*, nom qui, dans le moyen-âge, surtout depuis Charlemagne, servait à désigner les provinces frontières d'un Empire. Elles étaient gouvernées par des commandants militaires, nommés *Margraves*, de *Mark*, marche, et *Graff*, comte, ou *Marquis*, qui étaient chargés de défendre les frontières. La plupart de ces contrées ont reçu, dans la suite, d'autres titres, tels que ceux de *Comtes*, de *Duchés*. Toutefois le nom de *Marche*, a été conservé dans les temps modernes par quelques-unes d'entre elles, comme le *Comté de la Marche*, en France ; les Marches d'Italie, *Marches de Ravenne*, *Marches d'Ancône*, etc.

Gonzague par les liens du sang, on retrouvait le même esprit, le même éclat, le même amour du beau dans les palais du marquis de Mantoue et des ducs d'Urbin. Mais quand César Borgia se mit en guerre contre la Romagne, en 1502, en faveur d'Alexandre VI, il se rendit maître du duché d'Urbin. Néanmoins le pape Jules II le rendit à Guido Ubaldo I. A la mort de ce dernier Montefeltro, le domaine d'Urbin fut remis, en 1508, à *Francesco Maria I della Rovere*, neveu de Jules II et fils d'une sœur de Guido. Son fils, *Guido Ubaldo II della Rovere*, abandonna une partie de son duché à Paul III, qui en fit don à la famille Farnèse. Enfin le dernier duc, *Francesco Maria II della Rovere*, étant mort sans enfants, le duché revint aux Etats de l'Eglise, sous le pape Urbain VIII.

En outre d'Urbin, sa capitale, le duché compte encore les autres villes de Pesaro, Fano, Sinigalia, Fossombrone, Urbania, Bobbio, Pergola et Marcerata, à peu près toutes placées sur le rivage de l'Adriatique, au nord et au sud d'Ancône. Nous ne voyons, même pas de loin, la ville d'Urbin se profiler à l'horizon. Elle est la patrie de deux rois, l'un de la peinture, l'autre de l'architecture.

Raphaël Sanzio, né à Urbin, en 1483, est le peintre;

Et *Le Bramante*, né à Castel-Durante, près d'Urbin, en 1443, est l'architecte.

Je ne vous dirai rien aujourd'hui, ni de l'un, ni de l'autre. Nous aurons bien assez à en parler à l'occasion de la basilique de saint Pierre de Rome. le chef-d'œuvre de celui-ci, et du Vatican, dont les principales merveilles sont dues à celui-là.

De Rimini à la Cattolica la route longe le rivage de l'Adriatique; mais de la Cattolica à Pesaro, les vagues de la mer baignent les roues de notre voiture. Pour faire ce trajet, un beau temps et une mer calme sont indispensables; autrement on prend une route placée à mi-côte et qui a nom *Pantalona*. Favorisés d'un ciel splendide depuis le commencement de notre voyage en Italie, nous avons grand plaisir à cotoyer la mer. Vous dire les beautés du rivage, les aspects de la plaine qui s'élève graduellement en amphithéâtre, la poésie des barques, goélettes, balancelles et speronari qui naviguent sur les flots, etc., serait impossible. De telles impressions agitent fortement l'âme; mais la plume est impuissante à les rendre.

Voici *Pesaro*, jadis *Pisaurum*, petite cité de quinze mille habitants, qui couronne un gracieux mamelon dominant la terre et les eaux, à la droite et près de l'embouchure de la petite rivière de la *Foglia*. Détruite par Totila, roi des Ostrogoths, en 542, elle fut rebâtie plus belle par Bélisaire. Des massifs de luxuriants oliviers qui capitonnent les rampes de la colline qu'elle occupe et la plaine qui l'entoure, on voit s'élever gracieusement les clochers et les flèches de ses nombreuses églises : *San-Francesco, San-Domenico, San-Antonio, San-Cassiano*, etc. Elle est la patrie du pape Innocent XI, du peintre *Cantarini* et de notre célèbre Maëstro *Rossini*, qui, après y avoir reçu le jour, alla demeurer à Bologne. Le luxe de Pesaro est dans sa *Promenade del Belvedere San Benedetto*, qui offre une vue ravissante.

De nombreuses villas s'étalent d'une façon pittoresque tout le long de la côte, en regard de l'Adriatique, et montrent leurs blanches silhouettes sous les ombrages de hauts platanes. Mais l'une d'elles appelle plus que les autres le regard du touriste. C'est le castel de la princesse de Galles, devenue reine d'Angleterre, et que possède à cette heure la famille Bergami. Nous voyons dans les bosquets comme deux ombres enveloppées de linceuls : ce sont, paraît-il, deux monuments élevés par la reine, l'un à sa fille qui fut la première femme de Léopold premier, roi des Belges, l'autre à son frère, prince de Brunswick, tué à la bataille de Waterloo.

Voici le *Métaure*, ce fleuve de l'Ombrie qui, en 207 avant J.-C. fut témoin de la célèbre bataille où fut défait et tué Asdrubal, frère d'Annibal, avec les soixante mille Carthaginois qu'il amenait au vainqueur de Cannes, par les deux consuls Néron et Livius Salinator. Descendu des Apennins qui lui donnent naissance, le Métaure sillonne le duché d'Urbin, et vient se jeter dans l'Adriatique près de Fano.

Fano, où la tombée du jour nous a surpris et où nous avons pu dîner et coucher à l'*Albergo del Tre Re*, n'existait pas quand les rives du Métaure furent rougies du sang des Carthaginois. Mais après la victoire des Romains, le consul Salinator ayant élevé sur le champ de bataille un *Temple à la Fortune*, comme monument de reconnaissance, ce *Fanum Fortunæ* appela bientôt une nombreuse population autour de son enceinte, et c'est ainsi que se forma *Fano*. Cette ville, qui devait son origine à une lutte sanglante, devint bientôt célèbre par un autre combat, celui dans lequel, en 545 après J.-C., Totila, le roi des Ostrogoths dont je vous parlais tout à l'heure, battit les Romains. Il détruisit alors Fano. Mais survint Bélisaire qui lui enleva toutes ses conquêtes et réédifia Fano, comme il avait fait Pesaro. Enfin une dernière victoire vint consacrer cette ville sortie de ses ruines : ce fut celle que Narsès remporta sur Teïa, roi des Goths, en 552.

Rien de plus romantique que notre route. A notre droite, n'étaient de nombreux accidents du sol, des hauteurs voisines de Fano, comme du chemin que nous suivons, on verrait pendant longtemps, comme nous l'avons vu à diverses reprises, mais de loin, dans la brume d'or du matin, le long du cours du Métaure, une vaste contrée fort pittoresque et couverte de robustes chênes, abrités par la montagne de *Pietramala*, où eut lieu la défaite d'Asdrubal. C'est le lieu précis où furent couchées dans la poussière et le sang les cohortes carthaginoises, par Néron et Livius Salinator. On trouve dans les cavernes de la montagne des ossements fossiles que l'on dit être les débris des éléphants des Carthaginois. La ville de *Fossombrone*, sur le Métaure que couvre un pont moderne, magnifique, et qui est l'antique *Forum Sempronii*, est voisine du théâtre de ce drame mémorable.

De Fano à Ancône, notre route continue à longer le rivage de l'Adriatique. J'estime que nous sommes à peu près en face de cette partie de la Dalmatie, sur le rivage opposé de la mer, qu'occupait jadis *Salone*, et où le vieux Dioclétien, après avoir abdiqué l'empire, était venu se livrer aux doux loisirs de planter ses choux. Oh! que je voudrais être de cet autre côté de l'Adriatique, et y voir ses contrées fameuses! La plaine que nous traversons forme bientôt un défilé de Thermopyles, tant elle est resserrée entre les montagnes qui la bordent, à droite, et le rivage de la mer à gauche.

Nous arivons à *Sinigaglia*, autrefois *Sena*, patrie de notre illustre et bienaimé pontife, le pape *Pio Nono*, Pie IX. Quoique gauloise par son origine, les *Senones*, ayant fondé Sena, cependant la ville, au lieu de cet aspect antique de maisons grises, enfumées, boiteuses, lézardées, et de rues étroites, et tortueuses, ordinaires aux cités caduques du vieux monde, n'offre aux regards que constructions modernes d'une architecture, sinon élégante, du moins régulière, et de rues suffisamment larges.

Rivage de la mer toujours, mais rivage accidenté, varié, pittoresque, délicieux. Survient *Case Bruciate*, où nous traversons la rivière d'*Osino*. Alors au loin, dans un océan de villas, de maisons blanches, de retiros champêtres, de guinguettes, de vergers, de jardins et de bosquets, parmi des massifs de verdure qui se dressent comme des vagues chassées par le vent, on voit apparaître à l'horizon, sur la gauche, au centre d'une langue de terre qui s'avance dans la mer, comme une vaste corbeille de granit que surmontent, ainsi que des fleurs gigantesques, de hardies coupoles blanches, de gris clochers, des tours et des frontons gothiques, puis des môles, une citadelle, de longues lignes de remparts, et derrière une formidable jetée, une forêt de mâts qui se balancent sur les ondes du rivage. En même temps, de toutes parts se dessinent les silhouettes fuyantes de nombreux équipages de toutes sortes qui vont et qui viennent, en un mot cette agitation, ce mouvement, cette vie commerciale e industrielle qui annonce une grande ville. Enfin, en tournant du côté des terres, par une route nouvellement construite et fort commode, on arrive à la cité qui depuis longtemps déjà fixe les regards.

Cette ville est *Ancône.*

Quoique je vous la représente agitée, livrée à un commerce actif, et que je la compare à une gerbe de granit blanchissant sur la verdure des côtes, ne vous figurez pas Ancône un chef-d'œuvre sorti de la main des hommes. Les choses les plus laides sont quelquefois belles de loin et jamais il ne faut se fier trop aux apparences. Non. Ses rues sont étroites, irrégulières et ses maisons peu considérables. En y comprenant les faubourgs, elle ne contient que trente mille âmes de population. Elle compte peu d'églises, et ses édifices publics se réduisent à la *Loggia dei Mercanti,* avec une façade gothique, au *Palazzo del Governo,* au *Lazaret* de forme pentagonale, à un *Théâtre* et aux deux *Palais Ferretti* et *Nanciforte.* Ajoutons-y deux *Arcs-de-Triomphe* sur le port, près des môles : vous voyez qu'il n'y a rien là de bien considérable. Mais elle est délicieusement placée en amphithéâtre, sur le penchant d'une colline qui s'avance dans la mer, escortée du *Monte Ciriaco* que dominait jadis un *Temple de Vénus,* remplacé maintenant par la *Cathédrale* dédiée à *Saint-Cyriaque,* et couronnée d'une coupole, et du *Monte Comero,* qui forment de chaque côté de gracieux promontoires. Son port, creusé en hémicycle, est abrité par deux môles que décorent les deux arcs-de-triomphe, et c'est à sa position centrale sur la côte orientale de l'Italie qu'Ancône doit toute son importance,

Toutefois, si Ancône, dans l'intérieur de la ville, n'offre rien d'agréable, et même semble triste, vue du côté de la mer, ainsi bâtie sur les étages de la colline, avec ses églises qui la capitonnent de leurs tours, avec son Monte Ciriaco dont le cap met en saillie la belle église de Saint-Cyriaque, avec ses môles et ses autres décors, citadelle, arcs-de-triomphe, etc., elle produit un effet des plus pittoresques, qui rappelle les beaux promontoires de la Grèce avec les cités et les temples qui, de leur site élevé, semblaient regarder les navires sillonnant la haute mer, dans les brumes d'or du jour.

Jadis, vers 405 avant l'ère chrétienne, dans la Sicile, à Syracuse, il y eut un simple soldat, né d'un homme obscur, qui à raison de la vaillance qu'il déployait contre les dominateurs de l'Afrique, les Carthaginois, prit un tel empire ser ses camarades qu'il se fit proclamer roi. Il se nommait *Denys* : on le surnomma bientôt le *Tyran,* car, après la perte de la ville de Géla, voyant des signes de mécontentement et de désapprobation sur le front de ses sujets, il devint si morose d'abord, puis si farouche et si cruel, qu'il fut alors craint et redouté de ceux mêmes qui l'approchaient le plus. Ainsi, jamais il n'admit sa femme et ses enfants dans son appartement sans les fouiller. Il fit creuser dans le roc vif d'immenses souterrains, disposés de manière à ce qu'il entendît tout ce qui se disait autour de lui. En un mot, Denys devint tellement violent dans sa façon d'agir vis à vis de son peuple, que bon nombre de Syracusains, ne prévoyant pas que le tyran allait périr d'une indigestion, par suite de sa gloutonnerie, désertèrent leur patrie, se livrèrent aux hasards des flots, et abordèrent sur la côte orientale de l'Italie qu'ils avaient tournée par le Golfe de Tarente. Ce sont eux qui fondèrent Ancône.

Mais Ancône, qui devait son origine à l'amour de la liberté du peuple de Syracuse, finit par être esclave. Elle tomba, comme le monde entier, au pouvoir des Romains. Les traces de leur passage qu'ils y ont laissées, prouvent la puissance de ces étranges civilisateurs. L'empereur *Trajan* la fit entourer de magnifiques quais en marbre. Il l'agrandit considérablement et l'orna de plusieurs monuments. Aussi, comme témoignage de leur gratitude pour ce prince, les Anconais élevèrent en son honneur l'un des arcs-de-triomphe dont j'ai parlé, celui qui décore la jetée du port. Cet *Arco Triomphale*, parfaitement construit en marbre blanc, fut orné de trophées militaires et de nombreuses statues de bronze. Malheureusement les Barbares, et surtout les Goths, le dépouillèrent de ces richesses artistiques. Mais à part cette spoliation, l'arc subsiste, merveilleusement conservé. Du côté de la mer on lit la légende suivante qui a trait à la femme et à la sœur de Trajan :

PLOTINÆ. AVG. CONJVG. AVG.

DIVÆ. MARCIANÆ. AUG. SOROR. AVG.

Non loin de là, sur le môle également, mais formant un contraste qui ne lui est pas avantageux, se dresse un autre *Arco Triomphale*, d'ordre dorique, de *Vanvitelli*, érigé à la gloire de *Clément XII*, qui commença l'exécution du môle et fit construire le Lazaret.

C'est au-dessus du môle et du port qu'il commande, que s'élève la *Citadelle*, bâtie vers 1532, lorsqu'Ancône fut définitivement soumise au Saint-Siège.

Car Ancône, après avoir été saccagée par les Goths et les Lombards, vit s'établir dans ses murs un officier que Charlemagne, vainqueur des Lombards comme ceux-ci l'avaient été des Romains, y fixa en lui donnant le titre de *Marcheus*, chef de la *Marche* ou du *Territoire* d'Ancône, du mot *Marck*, *frontière*, duquel nom Marcheus nous avons fait celui de *Marquis*. Mais, au XII° siècle, ainsi que beaucoup d'autres villes de l'Italie, Ancône se donna la liberté et fit partie de la ligue lombarde contre la puissance des empereurs d'Allemagne. Ville libre, elle conserva ses priviléges jusqu'en 1532, époque où, sous le prétexte de la défendre contre les incursions des Turcs, Louis de Gonzague, marquis de Mantoue, et général du pape Clément VII, s'empara de la Marche et l'annexa aux Etats de l'Eglise.

Pendant les guerres de notre révolution française, Ancône fût prise et longtemps occupée par l'armée française. En 1799, les Russes, les Autrichiens et les Turcs nous y assiégèrent, et s'en emparèrent malgré la belle défense du général Monnier de Cavaillon. Alors, sur les remparts d'Ancône se passa un de ces faits curieux dont il est bon de conserver le souvenir, et c'est pour cela que je vous le signale, ma bien-aimée tante. Figurez-vous que le drapeau russe, ayant été arboré sur le rempart de la ville par les assaillants, messieurs les Autrichiens arrachèrent brutalement ce drapeau. Il résulta de ce fait une grande mésintelligence entre l'empereur russe, Paul Ier, et ses peu gracieux alliés.

Rendue au Saint-Père en 1814, en 1832, à l'occasion de l'invasion des Autrichiens dans les Etats-Romains, elle fut encore une fois occupée par nos troupes, puis évacuée en 1838.

Tout récemment, après nos *glorieuses journées* de 1848, Ancône fut assiégée et bombardée par les mêmes Autrichiens, qui veulent à tout prix la domination de l'Italie, dont l'horreur et la haine pour ces tyrans saura, un jour, un jour qui approche ! les repousser à jamais de ces belles contrées.

La cathédrale est la reine des églises d'Ancône. Elle est du X° siècle, et sa façade magnifique date du XIII° siècle. Sa coupole octogone, qui ainsi que le portail, vue de la mer, produit un si bel effet de paysage, est regardée comme l'une des plus anciennes de l'Italie. Dans la crypte on remarque le tombeau du prêteur *Tytus Gorgonius*, et ceux de *saint Cyriaque*, et d'autres bienheureux.

Voilà tout ce que je puis vous dire sur Ancône, ma bonne tante, et quand j'aurai ajouté que ce fut à Ancône que l'on pêcha, sous Domitien, le fameux poisson dont parle *Juvénal* et dont Boileau nous dit :

Le Sénat décida cette affaire importante
Et le *Turbot* fut mis à la sauce piquante...

j'aurai. terminé cette lettre, commencée à l'Albergo della Fontana, à Rimini, et complétée à l'*Albergo della Pace*, à Ancône.

Cependant, à vous, excellente ménagère, je dois cette remarque : nulle part, en Italie, la vie n'est plus abondante et à meilleur compte qu'à Ancône. Soles, *sfoglie*, rougets, vario'es, et jusqu'à un *frutto di mure*, le *ballero*, tous les mets son délicieux.

Nous avons eu théâtre à Ancône. Nous occupons les premières places, au prix de sept baïoques, sept sous... Voilà du plaisir au rabais !

Tante, je vous embrasse de tout mon cœur : croyez toujours à mon attachement et conservez-moi votre affection, c'est elle qui embellit et charme la vie de votre neveu et ami.

VALMER.

V

A M. LE COMTE DE JONAGE, AU CHATEAU DE LA DURANDIÈRE.

Loin de nous les banquets! — Un Pèlerin moderne. — Curieux tableaux que présente l'Italie. — Escouades de prêtres. — Nuées de religieux. — Où vont-ils? — Que font-ils? — Les *donne* et les *donzelle* dans le rayon de Lorette. — Perspectives. — *Lorette*. — Profil de la Bourgade. — Où l'on transporte le lecteur en Palestine. — Ce que c'est que la *Casa Santa*. — Irruption d'Arabes. — Comment les Anges du ciel déjouent les complots de la terre. — Où l'on voit la Casa Santa traverser les mers et voler dans les airs. — l'Église de la Madone. — Relief de la Casa Santa. — La Statue de la Vierge. — Le Trésor et ses joyaux. — *Recanati*. — Entrée dans l'Apennin. — *Macerata*. — Un Traité de paix. — *Tolentino*. — Dans l'Ombrie. — Où l'on gravit un col abrupte et sauvage. — Le hameau de *Serravalle*. — Une nuit dans la montagne. — Aventures. — Brigands et jeunes filles. — Géographie de l'Apennin. — Voyage en nombreuse compagnie. — Col de Fiorito. — *Foligno*. — La Vierge de Raphaël. — *Spoletto*. — Annibal. — *Interamne*. — Les chutes de Terni. — Saint François d'Assise. — Assise. — Les villes étrusques. — *Perugia*, actuellement *Pérouse*. — Murs cyclopéens. — Le Perugin. — *Commenda*. — Tombeaux étrusques. — Lac de Trasimène. — Description. — Encore Annibal. — La bataille de Trasimène. — Le ruisseau sanglant. — Une soirée sur le lac. — Poésie. — Les Adieux.

Lorette, 24 octobre 185...

Monsieur le Comte,

Je ne suis pas aujourd'hui l'ardent adepte de Lucullus, qui récemment, avec les aimables convives réunis par vos soins dans un salon des Frères

Provençaux, et la coupe en main, faisais joyeuse libation, et m'écriais avec Horace :

O nata mecum. . . . ;
. . . . pia Testa. . . .
Descende, ... jubento,
Promere languidiora vina. . . (1).

Non. De grandes pensées me sont venues, et je dois inviter votre imagination à ne plus voir en moi, — qu'un modeste pèlerin. Certes ! je ne porte pas le bourdon ni l'escarcelle : le capel aux larges bords ne couvre point ma tête, et je ne suis nullement affublé de la souquenille de bure au rabat décoré de coquilles ; encore moins me suis-je ceint les reins d'un cilice. Ne me croyez pas non plus à pied, dans la poussière, marchant avec des sandales, comme un hidalgo de Salamanque se rendant à Saint-Jacques de Compostelle ou à N.-D. del Pilar, à Sarragosse ; ou monté sur un âne roux des Abruzzes, ainsi qu'un camaldule quêtant pour son couvent ; ou bien encore fièrement campé sur un dextrier bardé de fer, comme un chevalier du moyen-âge au tombeau du Sauveur. J'accomplis un pèlerinage, c'est vrai ; mais je voyage en léger makinstock, le panama sur l'oreille, la cravache à la main, mollement assis sur les coussins élastiques d'une carriole italienne, jolie petite carriole, buffet, cave et bibliothèque tout à la fois, aux côtés d'un philosophe du nom de Valmer, et traîné par un excellent poney des Apennins, fort comme un étalon, intelligent comme un caniche, léger comme un zéphyr. Oh ! nous nous entendons en comfort, croyez-le !

C'est dans cet équipage que nous nous acheminons vers Lorette.

Dans toute l'Italie, vous l'avez vu comme nous, monsieur le comte, sur les routes de premier ordre aussi bien que sur les moindres chemins de traverse, dans les villes comme dans les bourgades, aux villages comme dans les plus petits hameaux, partout, en un mot, la masse de la population est émaillée d'un nombre infini de prêtres, de chanoines, d'abbés, de religieux de toute vocation, camaldules, dominicains, franciscains, capucins, servites, barnabites, que sais-je ? Tous ces gens de robe ne sont pas inactifs, figurez-vous bien.

(1) Amphore chérie, née avec moi. . . . . , viens, ... l'ordonne, viens nous verser ta vieille liqueur. . . . . *Horace.* Liv. III , Ode 21. *Ad Amphoram.*

L'un visite les malades et porte aux foyers de pauvres infirmes ou de malheureux déshérités les consolations spirituelles ou palpables de son ministère sacré ; l'autre a réuni autour de lui un certain nombre d'auditeurs, et il les entretient avec feu de quelque épisode qui les suspend à ses lèvres. Celui-ci se rend dans une église pour y faire entendre la parole divine ; celui-là, voyant se lever une radieuse journée qui promet peut-être de tièdes ondées de pluie féconde, mais qui n'en aura pas moins son ciel bleu, son soleil vivifiant, et sa brillante soirée pleine d'étoiles, s'enfonce dans la montagne pour y faire la maraude et y récolter les pulsatilles aux jolies fleurs violettes, les grenouillettes ou renoncules aquatiques, les cardamines et les sisymbres qui, dans les alambics de son laboratoire, deviendront des baumes souverains, des panacées magiques, d'excellents anti-scorbutiques, des boissons astringentes ou des pâtes émollientes.

Or, c'est surtout d'Ancône à Lorette, et en dernier lieu à Lorette même qu'ont lieu ces fréquentes apparitions de robes noires, blanches, brunes et grises. Là, on voit une procession sans fin de moines et de nonnes, de braves paysans du voisinage et d'étrangers, de beaux messieurs et de belles dames, de *signori* de tous les états de la Péninsule, et des *donne*, et des *donzelles*, etc., à n'en pas finir. Tout ce monde, comme dans une danse macabre, chemine à pied comme des pénitents ; à cheval, à la mode des quatre fils Aymond ; en voitures, en chaise de poste, etc. C'est un tohu-bohu sans pareil. Ce n'est pourtant pas à une grande ville que l'on se rend : Lorette est une simple bourgade de huit mille habitants, mais c'est que Lorette possède un sanctuaire, et que, dans ce sanctuaire, se trouve une merveille, une merveille exposée aux hommages de la terre par les chérubins des cieux.

Nous trouvons le littoral de l'Adriatique, d'Ancône à Lorette, beaucoup plus montagneux et plus accidenté, que la partie des côtes que nous avons parcourue de Ravenne à Ancône. Nous y gagnons en pittoresque ce que la monotonie nous avait fait perdre d'abord. Mais la distance n'était que de cinq lieues, nous ne sommes pas peu étonnés lorsqu'au détour du mamelon que nous venions de gravir, nous apercevons devant nous, sur le plateau d'une colline éloignée de la mer de trois kilomètres, un long semis de maisons auquel conduit notre route, que des villas, des parcs, des jardins commencent à border de leurs façades riantes, de leurs fleurs et de leurs grands arbres disposés en larges massifs.

C'est *Lorette*, *Loreto*, que nous avons devant nous.

Lorette n'est pas une ville ouverte. Quoiqu'elle n'ait guère qu'une longue rue, elle est appuyée d'une bonne et forte muraille que Sixte-Quint fit doubler de bastions pour la mettre à l'abri des incursions de corsaires turcs qui, sous Mahomet II, et sous Sélim, son neveu, ne craignaient pas de franchir l'Adriatique pour faire des visites sur les côtes de l'Italie, et en dépouiller brutalement les habitants sans défiance. Je l'ai dit : la ville n'est composée que d'une rue fort longue, qui ne compte que des boutiques où l'on vend des chapelets, des médailles, des images, des rubans, des fleurs artificielles et mille objets de dévotion. Le commerce qui s'en fait chaque année ne monte pas à moins de cent mille scudi, soit six mille francs. Néanmoins, malgré cette somme énorme dispersée dans la petite cité, on ne peut faire un pas dans la rue et au dehors de la ville, sans être pourchassé, traqué, obsédé par des nuées de mendiants, prêts à vous dépouiller. Ils font trafic de l'étranger que la piété fait venir à Lorette. Les édifices de la ville n'ont rien de remarquable. Tout l'intérêt qui se rattache à cette bicoque est dans sa cathédrale et dans le trésor qu'elle renferme. Voici l'histoire de ce trésor, et ce qu'il est.

Non loin de la plaine d'*Esdrelon*, dans la *Palestine* s'élève, au sein des montagnes de l'ancienne *Galilée*, la petite ville de *Nazareth* appelée par les Arabes *Nasra*. Après Jérusalem et Bethléem, c'est le lieu le plus fréquemment visité par les pèlerins, car ce fut dans cette ville que vécurent Marie, Joseph et Jésus jusqu'à l'âge de trente-trois ans. Hélène, première femme de Constance Chlore, et mère du grand Constantin, ayant reçu de son fils le titre d'impératrice, et devenue chrétienne, visita Jérusalem en 325, et y découvrit, en 326, les restes de la vraie croix. Alors elle fit construire une église sur le Mont-Calvaire. Mais continuant son pieux pèlerinage dans la Terre-Sainte, elle vint à Nazareth, et, après de longues recherches, y découvrit de même, enfoncée sous le sol, la maison qu'y avaient habitée et la Vierge Marie, et saint Joseph et Jésus. Aussitôt elle la recouvrit d'un temple magnifique où la précieuse maison demeura exposée à la vénération des fidèles sous le nom de Santa Casa. Pendant plusieurs siècles, la piété des chrétiens décora de ses dons cette relique merveilleuse de la Santa Casa, et le temple qui la recouvrait. Mais la renommée des trésors qui s'y trouvaient entassés tenta bientôt la cupidité d'une tribu de l'Arabie déserte, les Sarrasins. C'était en 1294, le douzième jour du mois de mai. Ces ennemis du nom chrétien s'embusquèrent dans les bois de lentisques et de térébinthes de la montagne voisine, et quand la nuit enveloppa Nazareth de ses voiles ténébreux, alors que le firmament se diaprait de ses radieuses étoiles et que les parfums d'anémone et d'aloës qui couraient avec les brises invitaient à dormir les habitants de

Nazareth couchés sur leurs terrasses, tout à coup les Arabes, faisant irruption dans la ville, fondirent sur le temple de l'impératrice Hélène, et le saccagèrent (1). Ils voulaient arriver à la Santa Casa enfouie sous les riches présents du monde chrétien, pour charger de ses dépouilles les chameaux qu'ils avaient amenés. Mais les regards du ciel étaient ouverts sur cette profanation sacrilège, et les Nazaréens, réveillés par les clameurs des larrons, virent alors, dans la pénombre transparente de la nuit, un spectacle qui montrait une fois de plus la puissance de Jéhova. Un nuage léger descendait de l'empyrée, et, en présence des Sarrasins éperdus, venait se placer à l'entour de la Santa Casa qu'il étreignit jusque dans ses fondations. En même temps, des anges aux blanches robes, déployant leurs ailes, soulevèrent la maison sainte qui avait abrité si longtemps l'Homme-Dieu et la Vierge, sa mère ; puis, la portant sans efforts dans un vol majestueux, ils prirent leur essor au-dessus des montagnes de Galilée, se dirigèrent vers l'espace qu'occupe la Méditerranée, et disparurent dans la brume, comme un météore qui s'éteint. Mais après avoir longé la côte d'Asie, le cortége des Séraphins portant la sainte relique, et précédé de Chérubins chantant des cantiques aériens avec leurs harpes d'or, passa par-dessus l'Hellade, et atteignit le littoral azuré de l'Adriatique. Là, sur la côte orientale, il mit à terre son fardeau sacré, à *Tersati*, dans la *Dalmatie*. Quel ne fut pas la surprise et l'admiration des pauvres habitants de ces rivages, quand ils trouvèrent au lever du soleil, le lendemain, cette Santa Casa, tapie sous les hauts platanes

(1) Ce temple détruit par les Sarrasins a été reconstruit, et à l'entour s'est formé un vaste et beau couvent de Frères latins. En cas d'attaque, ce couvent pourrait parfaitement servir de forteresse et recevoir dans son enceinte les femmes, les enfants et les vieillards de Nasra. Sa massive porte de fer, ses murailles plus fortes que celles de bien des villes de guerre, étant défendues par quelques hommes déterminés seraient en état de soutenir un long siége. C'est au centre de ce couvent que s'élève l'*Eglise de l'Annonciation*, qui a remplacé celle de l'Impératrice Hélène, sur la place même qu'occupait la maison sainte. Elle se compose de trois parties bien distinctes. La première est celle où se tiennent les fidèles. La seconde à laquelle on arrive par un double escalier richement orné, sert de chœur aux religieux. Enfin, la troisième est située sous la précédente, on y descend au moyen de plusieurs belles marches de marbre. Cette dernière partie est une espèce de crypte ou église souterraine du plus haut intérêt, par les souvenirs qui s'y rattachent. On y voit un autel éclairé par des lampes d'argent qui ne s'éteignent jamais, et une table de marbre sur laquelle on lit cette inscription : Verbum caro HIC factum est : ICI, le Verbe a été fait chair. En effet, un grand nombre de témoignages authentiques établissent que ce fut là que s'accomplit le Mystère de l'Incarnation de notre Seigneur. A cette place, l'Archange Gabriel apparut à l'épouse de Joseph, et lui dit : *Je vous salue, Marie! le Seigneur est avec vous !* Analyse de l'ouvrage du R. P. LAORTY-Hadji. — *Syrie, Palestine* etc.

du village, et rayonnant des feux du matin, comme d'une auréole divine qui en proclamait la mystérieuse origine? Elle resta trois ans à Tersati, entourée d'hommages, imprégnée de larmes pieuses et parfumée de ferventes prières. Mais de nouveau menacée par les impies, la Santa Casa ne se trouva plus un jour. Elle avait été portée par les anges, par-delà l'Adriatique, sur sa côte occidentale, à *Recanati*, l'antique *Recinctum*, dans l'*Etat de l'Eglise*, à une lieue sud-ouest de Lorette, au milieu des bois qui environnaient alors cette dernière ville, et dont il ne reste plus que des bouquets épais. Là aussi, la cupidité n'eut pas honte de profaner le vénérable retiro. Des brigands voulurent l'envahir. Lorsqu'ils arrivèrent à la place qu'elle occupait à Recanati, elle ne s'y trouva plus. Elle avait pris possession d'une clairière isolée de la forêt. Alors deux frères se disputèrent le terrain sur lequel elle était descendue. Pour la soustraire à leurs spéculations, les anges reprirent la relique sainte, et la transportèrent à Lorette même, au centre des habitations de la bourgade qu'elle choisissait pour se mettre sous leur protection.

Fiers autant que surpris de la présence de la Santa Casa, les Lorétains s'empressèrent de lui donner un asile digne d'elle. C'était en 1295. Pendant cent cinquante ans on vénéra pieusement la maison de Marie et de Jésus. Mais en 1464, le pape Paul II, qui venait de prêcher une croisade contre les Turcs, et qui entreprenait la restauration des antiques monuments de Rome, étendit sa sollicitude jusqu'à Lorette, et fit commencer la splendide basilique qui devait servir d'écrin à ce joyau d'un prix inestimable. *Bramante*, l'architecte d'Urbin, le grand artiste de Saint-Pierre de Rome, l'oncle de Raphaël, l'acheva sous le pape Jules II, en 1513. Puis, sous Clément VII et Paul III, on couronna l'édifice d'une riche coupole; enfin, Sixte-Quint éleva son portail en 1587.

L'aspect de cette *église de la Madone*, c'est le nom qu'on lui donne, est d'un effet saisissant.

Pour y préparer, on a décoré la *Piazza della Madona di Loreto*, sur laquelle elle s'élève, de deux beaux *Portiques*, et d'une *Fontaine*, dont le bassin est en marbre avec de riches accessoires en bronze

En outre, *Bramante* y a édifié un superbe *Palazzo Apostolico*.

Les portes de l'église de la Madone sont en bronze, et se composent de bas-reliefs qui offrent la vue de scènes bibliques. Les fils de *Giacomo Lombardi*, *Calcagni* et *Tiburzio Vercelli* en sont les auteurs.

Lorsque nous sommes prêts à entrer dans l'église, après avoir examiné la statue de Sixte-Quint, en bronze, qui se dresse sur la place, nous voyons débusquer de divers points des processions qui se rendent à la Casa Santa.

On nous apprend alors que d'ordinaire les pèlerins, formant des caravanes ou sociétés isolées, venant de tel ou tel pays, se rassemblent en nombreuses compagnies. Chacune de ces caravanes est précédée de la bannière de sa commune, dirigée par un gouverneur, et accompagnée par le clergé et les prêtres de sa paroisse. Ces processions arrivent en chantant, et certes! il est poétique et pittoresque de voir au grand soleil flotter ces bannières agitées par le vent, briller ces croix d'or, et d'entendre ces harmonieux cantiques, d'une mélodie italienne très-prononcée, s'éparpiller dans l'air, emportés par les brises.

Nous entrons avec les caravanes. Magnifique coupole peinte à fresque par *C. Roncalli,* dit le *Pomeranzio* (1), à qui le fougueux Caravage fit taillader la figure par un spadassin, pour se venger de la préférence accordée à ce rival. Chapelles décorées de fresques et de mosaïques d'après les premiers maîtres. Baptistère enrichi d'un très-bel ouvrage en bronze de *Tiburcio Vercelli.* Portes et candélabres du fond de l'église en bronze de *G. Lombardo.* Magnificences de toutes sortes.

La *Santa Casa* est placée sous la coupole, au centre de l'église.

La maison habitée par Jésus et Marie est bâtie en bois d'ébène et en briques qui en remplissent les intervalles. Elle a trente pieds de long et quinze de large. A l'intérieur, quelques décorations en peintures sont enfumées par les lampes et les cierges. Le pavé de la maison fut laissé à Nazareth par les anges : il est remplacé ici par des carreaux de marbre blanc et rouge. A droite se trouve la fenêtre par laquelle l'archange Gabriel se présenta en face de Marie, agenouillée dans l'angle voisin, et lui annonça la naissance du Sauveur. Au fond on voit la cheminée, et à côté, dans une cavité du mur, un plat dont se servait la Vierge-Mère.

A l'extérieur de la Casa Santa on a donné une enveloppe aux murs primitifs, et cette enveloppe est un prodige de l'art. C'est un revêtement de marbre, ouvrage des plus beaux temps de la sculpture. *Bramante* en fit le dessin et les bas reliefs qu'il crayonna furent exécutés par *Sansovino, G. Lombardo Bandinelli, G. della Porta, Rafaele da Montelupo, le Tribolo, Jean de Bologne* notre compatriote, et *F. S. Gallo* (2), les plus fameux artistes. Ils représen-

---

(1) *C. Roncalli,* dit le chevalier *Pomeranzio,* peintre toscan, élève de Circignaro, Volterra, 1552. — 1626.

(2) Baccio Bandinelli, sculpteur et peintre, né à Florence, en 1487, et mort en 1559, a fait une copie très-estimée du fameux *Laocoon.* — *Descente de Croix.* — *Hercule, vainqueur de Cany,* groupe colossal, etc.

tent la naissance de Marie, son mariage, Isaïe, Daniel, Amos, les Sibylles, tous ayant prédit la venue du Christ ; l'Annonciation, la Visitation, le Recensement de Bethléem. Comme statues, on reconnaît les Sibylles de Perse et de Lybie, Jérémie et Ezéchiel, les Sibylles de Cumes, de Samos et d'Erychtée, etc.

À l'intérieur, splendide autel qui porte la fameuse *statue de la Vierge*, en bois de cèdre, sculptée. dit-on, par *saint Luc*, l'évangéliste. Cette statue est vêtue d'une robe éblouissante d'or et de pierreries. Sa tête porte une tiare ou triple couronne qui rutile, et, à la main, elle a un sceptre. Le tableau de *Raphaël*, Marie jetant un voile sur l'enfant Jésus, décore l'un des panneaux de la muraille. Enfin, je signale en dernier lieu le pavé de marbre qui est usé, à l'entour de l'autel, par les genoux des innombrables pèlerins venus prier la Vierge et son divin Fils.

Jadis, à la Casa Santa était attaché un revenu de trente mille scudi, sans compter les offrandes annuelles des visiteurs, car les pèlerins ne s'en retournent jamais qu'ils n'aient laissé leur présent, suivant leurs facultés. Or, on évalue à cent mille le nombre des personnes qui font, chaque année, le pèlerinage de Lorette.

En 1787, par le traité de Tolentino, le pape Pie VI, devant payer aux Français une somme importante, fut contraint de puiser dans la caisse de N.-D. de Lorette. Puis, la paix n'ayant pas duré, notre armée envahit Lorette en 1798, et envoya en France la statue de la Vierge que l'on eut le mauvais goût de placer, près d'une momie, dans le cabinet des médailles, et qui heureusement revint ensuite à la Santa Casa, avec une pompe inouïe, le 9 décembre 1802.

Nous visitons aussi le *trésor de la Chiesa*. Rien de plus curieux que le bizarre assemblage des dons offerts à la Casa et des divers *ex-voto* réunis. Ainsi on voit un boulet, consacré à Marie par le *pape Jules II*, qui en fut préservé au siège de la Mirandole, alors que ce Pontife septuagénaire y montait à la brèche, l'épée à la main. On y contemple la veste, la culotte et l'ha-

---

J. della Porta, architecte, élève de Vignole, né à Milan en 1530, mort à Rome en 1595, auteur de la chapelle Grégorienne, acheva la coupole de Saint-Pierre de Rome. — Ce fut lui qui éleva la villa Aldobrandini. — Son neveu, *G. della Porta*, habile sculpteur, travailla pour la Santa Casa de Lorette, et restaura les jambes de l'*Hercule Farnèse*, du Museo Barbonico, à Naples.

Tribolo (*Nicolo* dit le), sculpteur, Florence, 1500 — 1550. Il travailla pour François Ier, Clément VII, les grands ducs de Toscane, Alexandre et Cosme Ier. *La Nature*, Fontainebleau.

bit du *roi de Saxe*. A quel propos ce prince offrit-il ainsi une culotte couleur de chair? Je l'ignore. Ce que que je puis dire, c'est que c'était au XIX° siècle que se fit un tel don. Enfin on y trouve la plume de *Juste Lipse*, ce savant philologue hollandais, né à Louvain, en 1547, qui, catholique, se fit protestant ; protestant, se refit catholique, et finalement mourut dans sa patrie bien et dûment converti à la religion de ses pères. Mais ce fut un pauvre hommage qu'il fit à la Vierge en lui offrant une plume qu'il avait souillée plus d'une fois par des é-its passablement erronés.

Je m'en tiens là, monsieur le Comte, en vous priant de m'excuser de vous forcer ainsi à faire pèlerinage avec nous.

Du Lac de Trasimène , 27 octobre 185...

Nos dévotions accomplies à Lorette, et la fin du jour consacrée au repos d'une part et de l'autre au plaisir de vous écrire cette lettre de l'*Albergo degli Gemelli*, dont la fenêtre qui me fait face présente à mon regard un ravissant paysage, nous avons dû continuer notre excursion dans l'Italie du centre. Mais, cette fois, nous ne côtoyons plus la mer Adriatique ; au contraire, formant avec elle un angle obtus à gauche, aigu à droite, nous lui tournons fort peu civilement le dos, pour nous diriger vers les Apennins, la longue épine dorsale de la péninsule. Alors

> Dans un chemin montant , sablonneux , malaisé ,
> Et de tous les côtés au soleil exposé,

nous entrevoyons d'abord un aqueduc fort pittoresque, construit par le pape Paul V, pour amener des eaux à Lorette ; puis nous traversons *Recanati*, où jadis stationna la Santa Casa et où réside l'évêque chargé tout à la fois de Lorette et de Recanati ; ensuite nous parcourons une plaine d'une inexprimable fertilité. La végétation la plus luxuriante y verdoie de toutes parts et fait de la contrée un véritable eden. Se présente bientôt une contrée rapide premier échelon des montagnes. Sur le plateau qui la couronne, nous trouvons *Macerata*, d'où, comme d'un observatoire naturel, nous découvrons toute la région circonvoisine, accidentée, pleine d'ombres et de lumière, de calme et de paix. La vue s'égare sur toute la route que nous venons de suivre jusqu'à l'Adriatique qui rutile dans la brume d'or comme un miroir voilé par une gaze.

Car, en sortant de *Tolentino*, les Apennins, avec leurs cîmes blanches sous la neige, commencent à lever leurs têtes à l'horizon ; lorsqu'on atteint le *Pont de la Trave*, sur la droite, huchée sur un plateau romantique, se montre à vous la ville de *Camerino*, dont la cathédrale et les hautes maisons vous semblent l'effet d'un mirage.

On est alors dans l'*Ombrie*, cette ancienne contrée de l'Italie, placée entre l'Etrurie dont la séparait le Tibre, le Picenum et le pays des Sabins. Les Gaulois, nos pères, lui donnèrent leur nom, car la tribu des *Uumbrii*, qui, en langue celtique, signifie *hommes forts*, vint planter ses tentes dans ces contrées montagneuses, et y prit part aux guerres des Etrusques et des Samnites, contre Rome, trois siècles avant l'ère chrétienne. Ce ne fut qu'en 280 qu'eut lieu leur soumission. Mais nous cherchons vainement des traces de leur séjour.

Survient bientôt l'étroit passage qui a nom *Col de la Serravalle*. *Serravalle* est un gros bourg, le premier centre de population de l'Ombrie, qui est resserré entre deux montagnes distantes l'une de l'autre de trois cents mètres à peine : il est commandé par les ruines d'un château-fort, dont l'aspect raconte les âges écoulés. On ne peut se figurer des groupes de maisons dans un site plus sauvage.

Ce serait mal à moi de quitter cette émouvante excursion dans l'Apennin du sud, sans vous dire quelques mots de cette chaîne de montagnes qui s'étend dans toute la longueur de l'Italie, en forme l'arête très-prononcée, et sépare les versants d'eau qui se rendent à l'Adriatique de ceux qui se rendent à la Méditerranée. Ce nom d'*Apennins* tire son origine de *Alp* et *penne* qui, en langue celtique, signifie Alp *élévation* et penne *moindre pic*, ou petites Alpes, petite chaîne de montagnes, nom parfaitement approprié aux Apennins beaucoup moins élevés que les Alpes..

Les Apennins ont leur point de départ à la ville de Gênes. La première partie de leur chaîne s'étend de *Nice* et de *Gênes* à *Pontremoli*, au lieu où elle donne naissance à la *Magra*. Alors elles se nomment *Alpes Liguriennes*, car elles traversent là l'ancienne *Ligurie*.

De Pontremoli, l'Apennin continue à se diriger vers l'est, jusqu'aux sources du *Tibre*, qu'il enveloppe, juste entre *Florence* au couchant, et *Rimini* au levant. Comme il traverse la Toscane, qui est l'ancienne *Etrurie*, la chaîne s'appelle *Alpes Etrusques*.

Des sources du Tibre, l'Apennin se dirige au sud-est et au sud, enveloppant tous les versants du Tibre, jusqu'au *Lac de Fucino*, en face de *Rome*. Ce sont les *Alpes Latines*. Dans ce parcours, un pic assez élevé, placé au nord du lac de Fucino, prend le nom d'*Ombilic de l'Italie*. En Italie on l'appelle *il Gran Sasso d'Italia*, ou bien encore on le désigne sous l'appellation de *Monte Corvo*. C'est le point culminant des Apennins. Il dépasse la ligne des neiges permanentes dans les Alpes et même dans les Pyrénées.

Après avoir couronné les sources du *Garigliano* et du *Vulturne*, l'un qui va se jeter dans la mer à *Gaëte*, l'autre, plus fameux, qui porte ses eaux vers *Capoue*, et de là vers le bassin de Gaëte également, l'Apennin s'incline légèrement vers le sud pour se rapprocher de la Méditerranée, jusqu'aux sources de l'*Ofanto*. Là, il se sépare en deux branches.

La principale descend au sud-sud-ouest jusqu'à *Reggio*, l'antique *Regium*, à travers les *Calabres*, ce qui fait qu'on lui donne le nom d'*Alpes Calabraises*. Mais pour y atteindre la mer, l'Apennin ne finit pas : il subit simplement une dépression qui donne passage au *Canal de Messine*. Au-delà du détroit, l'Apennin se lève et reparaît en *Sicile*.

La seconde branche s'étend à l'est, puis tourne vers le sud-est, et se dirige, en s'abaissant, vers le *Cap* méridional de *Santa-Maria-di-Leuca*, où il subit également une dépression, donne passage au *Canal de Corfou*, qui unit la mer *Adriatique* à la mer *Ionienne*, se relève dans la *Grèce*, et va rejoindre les fameuses montagnes de l'*Æta*, de l'*Ossa*, de l'*Olympe*, du *Parnasse*, etc., suite des *Alpes* descendant de la *Thrace*.

Ainsi ce n'est donc que géographiquement qu'on l'appelle Apennin, puisqu'on lui donne le nom d'Alpes, dans le langage ordinaire. Toutefois, en Italie, il est plus vulgairement désigné par les dénominations d'*Apennin Septentrional, Apennin Central, Apennin Méridional*.

Maintenant de l'arête principale de l'Apennin, formant l'épine dorsale de la longue presqu'île italique, descendent une infinité de ramifications plus ou moins prononcées qui vont aboutir les unes sur les côtes de la mer Adriatique, les autres sur le littoral de la Méditerranée. Dans l'ensemble, cette chaîne de montagnes et ses contreforts n'ont qu'une élévation médiocre : elles n'atteignent, sur aucun point, la limite des neiges perpétuelles, quoique certaines cîmes soient couvertes de neige à peu près toute l'année. L'aspect des Apennins est aussi moins imposant que celui des Alpes, des Pyrénées et peut-être même du Jura : son peu d'élévaf.on, l'absence de vrais glaciers, comme aussi de grandes lignes horizontales ou de murs escarpés, l'aridité de ses flancs, ses vallées étroites, en rendent la vue moins poétique. Mais néanmoins on y trouve mille sites pittoresques, pleins de charmes sauvages ici, là mélancoliques, gracieux et beaux. Les pins, les chênes, les hêtres sont les arbres qui y croissent à la plus grande élévation : on y voit l'olivier et les chênes verts jusqu'à deux cent cinquante mètres de hauteur. Tous, avec le châtaignier, le mûrier, les mélèzes en font l'ornement principal et contribuent à le rendre la gloire de l'Italie.

Case Nuove se présente bientôt. C'est un simple hameau, situé dans un terrain stérile. On commence à y descendre l'Apennin ; mais alors la route côtoie d'effrayants précipices rendus célèbres, dit-on, par une foule d'épisodes dramatiques et de tragédies lugubres, que je voudrais raconter ici, si ma lettre n'était déjà trop longue. Mais après la partie abrupte et sauvage, se présente aux regards enchantés, un délicieux panorama qui comprend le splendide bassin, au centre duquel s'étale fort à l'aise et d'une façon très-nonchalante une jolie petite ville qui a nom Foligno.

Foligno, quoique modeste et simple dans son allure, a eu le hardi courage de maintenir assez longtemps son indépendance, au moyen-âge. Elle avait alors des fortifications dont il reste quelques traces. Mais elle dut finir par se laisser incorporer aux Etats de l'Eglise. On compte environ 12,000 habitants dans cette ville, dont les rues sont bien bâties, qui est arrosée par le *Toppino*, mais où l'on voit encore des ruines amoncelées par un premier tremblement de terre, en 1831, et par un second, en 1839, lesquels firent périr jusqu'à soixante-dix personnes.

La gloire de Foligno est tout entière dans la fameuse *Vierge de Foligno*, l'un des chefs-d'œuvre de Raphaël et qui décora longtemps l'église du *Couvent de Santa-Anna*. Bien des artistes et des voyageurs firent tout exprès le voyage de Foligno pour voir cette merveille. Mais vint un jour, un jour bien fatal pour Foligno, où sa Vierge admirable fut transportée à Paris, appelée par le Louvre qui la réclamait. Puis vint un autre jour, où l'on dut envoyer à Rome la sainte Madone où, à cette heure, on s'extasie devant elle. De sorte que, Paris ou Rome, Rome ou Paris, peu importe à Foligno ! Foligno pleure à jamais sa Madone. Pour se consoler, le couvent de Santa-Anna montre aux touristes une magnifique coupole du *Bramante*.

Nous quittons Foligno, aussitôt que possible, et par une route fort droite, que coupe presque perpendiculairement le *Tibre*, arrivant de l'Apennin qui lui donne naissance; au nord, en face de Rimini, et dont nous traversons sur un pont les eaux jaunes et bourbeuses, nous atteignons, le soir, l'antique cité de *Perusia* ou *Perusium*.

Perugia, *Pérouse* en français, noms actuels de la ville en question, est la capitale de l'Ombrie. Elle est assise sur la rive droite du Tibre, gracieusement établie sur le plateau d'une colline qui domine la plaine de trois cents mètres, et défendue par une citadelle.

L'ancienne Perusia était, à son origine, l'une des douze cités de la Confédération que les Etrusques avaient formée au sud de l'*Arno*. Elle s'allia aux Samnites contre Rome, quand elle vit cette ville s'agrandir au point de devenir inquiétante; mais elle fut écrasée quand deux grandes batailles se livrèrent sous ses murs et prirent le nom de *Batailles de Pérouse*. C'était en 309 et 295 avant J.-C. Elle se soumit alors aux Romains.

On nomme *Guerre de Pérouse* la lutte qui eut lieu entre Octave et L. Antoine, le frère de Marc-Antoine, le triumvir, l'an 41 avant J.-C. Pérouse subit alors un siège célèbre et vit Octave, vainqueur, faire immoler ses prisonniers sur des autels qu'il éleva tout exprès et que l'on nomme *Autels de Pérouse*.

Au VI° siècle, elle fut assiégée sept ans par les Goths, qui la prirent et à qui Narsès la ravit. Elle tomba ensuite au pouvoir des Lombards. Mais Pépin la donna aux papes. Alors elle fit souvent la guerre à ses nouveaux maîtres et se maintint en quelque sorte en forme de république. Toutefois, en 1392, elle se soumit absolument à Boniface IX.

Nous passons tout un jour à Pérouse. N'avons-nous pas à visiter des portions de murs antiques et cyclopéens? La *Porta Marzia* de construction étrusque? l'*Arc-de-Triomphe d'Auguste*, attribué également aux Etrusques? Et, dans le voisinage de la ville, n'est-il pas nécessaire d'aller saluer aussi, sur la route de Rome, une *Nécropole* découverte en 1840, et composée de dix chambres, contenant les *Tombeaux des Volumnii*, une famille étrusque, des premiers âges?

Je vous signalerai la maison fort modeste d'un illustre artiste, le *Pérugin*, où l'on trouve un saint Christophe, peint en fresque par l'habile peintre lui-même. *Pietro Vanneci* prit ce nom de Pérugin, de *Perugia*, *Pérouse*, parce que Pérouse fut le principal théâtre de sa gloire et sa patrie d'adoption; mais il naquit à Citta della Pieve, en 1446.

Mais quittons le Pérugin, Pérouse et ses murailles étrusques, car j'ai hâte de vous parler du Lac de Trasimène, que je vois des fenêtres de la chambre d'où je vous écris, monsieur le Comte.

A notre sortie de Pérouse, nous faisons station au village de *Commenda*, où l'on montre un tombeau étrusque, célèbre sous le nom de *Tempio di Santa-Manno*. Enfin, après une ou deux heures de marche assez rapide, à travers des éminences couvertes de chênes et de pins, et parmi des plantations d'oliviers, nous gravissons une dernière montée, et lorsque nous atteignons son sommet, nous avons devant nous, à nos pieds, le vaste et beau bassin, entouré de jolies collines, du fameux *Lago di Perugia*.

Donc trois fois salut au *Lac de Trasimène*, tant célèbre par la victoire qu'y remporta le Carthaginois Annibal sur le consul romain Flaminius, l'an 217 avant l'ère chrétienne !

De ce drame voici la mise en scène : Le lac offre une surface de trois lieues de long du nord au sud, et deux lieues et demi de large de l'est à l'ouest. Il a trois îles, l'*Isola Maggiore*, avec un couvent, et l'*Isola Minore*, au nord, et au sud l'*Isola Polyese*. Le niveau de ses eaux s'élève d'une façon très-sensible. Il est fort poissonneux ; et sa pêche ne se loue pas moins de quatre mille scudi. Rien de gracieux comme les croupes dentelées de collines boisées qui forment son encadrement. Ce lac n'a pas d'écoulement visible ; au contraire, il reçoit deux petits ruisseaux qui lui viennent du sud-est.

Au nord du lac, à trois milles de distance, vaste plaine au centre de laquelle se trouve *Arezzo*, l'antique *Arretium*, placée sur une élévation qui domine la campagne.

A l'ouest, *Chiusi*, l'ancienne *Clusium*, l'une des douze métropoles de l'Etrurie, et le siége de Porsenna, dont elle possédait le tombeau, détruit, ou qui n'a pas encore été découvert.

Au sud et à l'est, chaîne de collines boisées se dirigeant en pente douce vers le lac, les *Montes Cortonenses* de *Tite-Live*, la *Gualendra* d'aujourd'hui.

Du même côté, sur les bords du lac, et entre les collines boisées, défilé étroit et marécageux, et Tour Ronde appelée le *Borghetto*, au nord-est.

Au pied de la Gualendra, et après le défilé, vallée fermée à droite, et semblant un emplacement fait tout exprès pour y tendre un piége.

Enfin deux petits ruisseaux coulent de la Gualendra dans le lac.

Le côté du lac qui regarde le couchant est tout à fait abrupte.

Or, Annibal, venant d'Afrique avec ses Carthaginois, avait traversé l'Espagne, franchi les Pyrénées, dompté les Alpes, battu Scipion sur le Tésin, et Sempronius sur la Trébie. Au mois de mars 217, il passe l'Apennin, du côté de Florence, et il y est assailli par une furieuse tempête mêlée d'éclairs et de tonnerres. L'eau, chassée par le vent, s'étant gelée sur le sommet glacé des montagnes, retombait en neige si forte et si pressée, que les soldats, succombant à leurs fatigues, se couchaient ensevelis plutôt qu'abrités sous leurs vêtements. A cette neige succède bientôt un froid d'une telle âpreté qu'un grand nombre d'hommes et de chevaux perdent la vie. Néanmoins, Annibal apprenant que le consul Flaminius est déjà arrivé à Arretium, se dirige vers cette ville par le chemin le plus court. La route qu'il choisit traversait des marais étendus et formés par des débordements de l'Arno. Pendant quatre jours et trois nuits, les soldats marchent dans la vase et dans l'eau jusqu'à la ceinture, n'ayant pour se reposer un moment que les bagages amoncelés et les cadavres des chevaux. Annibal lui-même, monté sur son dernier éléphant, et déjà malade, voit ses souffrances s'aggraver par les veilles, l'humidité des nuits et les brouillards des marais. Aussi perd-il un œil : mais il atteint sont but.

L'impétueux Flaminius, lui, attend les Carthaginois sous les murs d'Arretium, impatient d'en venir aux mains, et ne tenant aucun compte des mauvais présages. Car on racontait qu'à *Lanuvium*, près de Rome, la lance de Junon s'était agitée d'elle-même ; dans les plaines d'*Amiterne*, au pays des Sabins, on avait vu errer des fantômes blancs ; dans le *Picenum*, il avait plu des pierres ; en Gaule, un loup avait tiré du fourreau l'épée d'une sentinelle et l'avait emportée ; à *Capènes*, chez le Véïens, sur le Tibre, deux -lunes avaient paru en un seul jour ; enfin, à *Antium*, capitale des Volsques, sur la mer Tyrrhénienne, des épis ensanglantés tombaient sous la faux du moissonneur.

Annibal, connaissant les desseins et le caractère de Flaminius, se met à ravager toute la plaine d'Arretium, afin d'exciter la colère du consul : il y réussit. Flaminius suit le général carthaginois. Celui-ci prend le chemin du lac de Trasimène. Il place sa cavalerie au-dessus du défilé entre le lac et les bois des *Montes Cortonenses*, non loin du lieu où est la *Tour du Borghetto* : il dispose ses troupes légères partout ailleurs, exepté dans la vallée fermée. Mais à l'extrémité de cette vallée, il fait camper ses Cartaginois pesamment armés. Alors on attend, immobile, en silence.

Flaminius atteint le lac, près de Borghetto, le soir au coucher du soleil, et, sans envoyer quelques éclaireurs en avant, il s'engage dans le défilé, le lendemain matin, avant le jour, de sorte qu'il n'aperçoit pas la cavalerie et les troupes légères qui l'environnent : il ne reconnaît que les Carthaginois pesamment armés en face de lui, à l'extrémité de la vallée fermée. Mais pendant qu'il se prépare à les combattre, la cavalerie carthaginoise, en embuscade dans les bois, occupe, derrière lui, le défilé du Borghetto. Un brouillard s'élevant du lac couvre l'armée romaine. Au contraire, les hauteurs des collines qui entourent le lac sont éclairées par le soleil levant. Les cohortes carthaginoises peuvent donc concerter leur attaque. Aussitôt Annibal donne le signal : un cri épouvantable retentit sur tout le bassin des eaux ; au même moment, de toutes les éminences qui dominent l'armée de Flaminius, les ennemis se précipitent. Alors les Romains qui formaient leurs rangs dans le brouillard, avant de pouvoir se mettre en ordre de bataille, sentent qu'ils sont environnés et perdus. En effet, les Numides les hâchent par derrière ; les soldats de pied les pourfendent par les flancs ; la lourde infanterie les perfore par-devant. On se bat avec acharnement pendant trois heures.

Près du second ruisseau qui vient de la Gualendra dans le lac, il est une place plus découverte, elle devient le principal théâtre du carnage. Aussi, depuis ce terrible jour, appelle-t-on ce ruisseau le *Ruisseau sanglant*, *Sanguinetto.* C'est là que les ciceroni vous montrent le lieu même où Flaminius, *il consule romano,* fut tué, car Flaminius périt, et sa mort fut le signal d'une déroute générale. La cavalerie numide fondit alors sur les fuyards, et le lac, le défilé, les marais de Borghetto, et la plaine de Sangui-netto, furent jonchés de cadavres romains. A cette heure encore, là, près de quelques vieux murs, et sur un mamelon voisin du ruisseau sanglant, on trouve souvent des ossements humains. Eh bien ! le croira-t-on ? Dans le pays, le nom du Romain Flaminius est oublié ; mais celui du Carthaginois Annibal vit encore à Trasimène, comme il vit encore, du reste, dans toute l'Italie.

Laissons-le conduire son armée vers Ancône pour la reposer de sa victoire, et permettez-moi de vous dire que nous terminons notre séjour à Trasimène par une promenade en nacelle sur le lac, au coucher du soleil. Quelle admirable soirée ! Il ventait frais : les bords pittoresques de l'immense nappe l'eau et leurs collines nageaient dans de douces et lumineuses transparences qui nous permettaient de distinguer jusqu'aux moindres objets. Les villas endormies au pied des mamelons verdoyants, à raison du remous, nous produisaient l'effet des chœurs de jeunes nymphes, vêtues de blanc, qui dansaient dans la brume du soir, sur la verdure des coteaux. Enfin la lune se leva sur ces sites magiques. Que c'était beau ! Et quel contraste avec l'horrible mêlée qui jadis ensanglanta ces rivages, aujourd'hui si paisibles.

Il est deux heures du matin, et nous partons au point du jour, monsieur le comte. Mais j'ai voulu terminer cette lettre pour la mettre à la poste à

Arezzo, en passant demain. Nous avons fait nos adieux à une excellente famille qui nous a fait les honneurs du lac. J'en ai le cœur malade ! Pourquoi faut-il se connaître, s'estimer, s'aimer pour se quitter si vite ! C'est donc là l'histoire de la vie ! Rien ne ressemble plus à la contessina qui nous a si bien accueillis, que ma bonne mère. Je vous raconterai cet épisode de notre voyage ; mais si vous revoyez ma mère avant moi, dites-lui cette simple préface, et communiquez-lui ma dernière réflection. C'est la même bonté, la même prévenance, le même esprit, le même cœur, la même âme.

Pourvu que mon audacieuse épître, fort peu parlementaire, ne vous ait pas déplu ! pourvu que, comme par le passé, vous voyiez en moi un gai convive, sinon un narrateur habile, en tout cas pardonnez à la tête en faveur du cœur, et permettez-moi de m'excuser et de me dire, monsieur le comte,

Votre très-humble et très-obéissant serviteur.

ÉMILE DOULET.

VI

A M. ET MADAME BAR, A PARIS.

Sienne, 31 octobre 185...

Savez-vous bien, mes chers amis, que les morts ont de grandes et belles choses à nous apprendre, à nous montrer, à nous redire, et qu'il est intéressant de les hanter quelquefois, de s'entretenir avec eux, de s'inspirer des récits qu'ils vous font, des curiosités qu'ils vous révèlent...? Vous, mon cher Eugène, comme constructeur, à titre d'archéologue, à la visite des ruines dont je vais vous parler, vous gagneriez des connaissances nouvelles ; votre douce Angélique se formerait à l'étude des étoffes de l'antiquité et aux coupes élégantes du *peplum* et du *laticlave* ; quant à Charles, votre fils tant aimé, dans ces excursions ténébreuses, ce jeune amant de l'histoire naturelle pourrait colliger des papillons, des phalènes et des reptiles de la plus belle espèce. Pourquoi ce début funèbre ? allez-vous me dire sans doute..... Le voici :

Depuis quelques jours, comme les oiseaux des nuits, nous ne vivons plus guère qu'au milieu des débris de murailles des anciennes villes étrusques, dans la pénombre humide des tombeaux étrusques, et parmi les curiosités et les vases funéraires étrusques. Nous devenons étrusques des pieds à la tête, par l'imagination, par l'esprit, par l'admiration, par l'étude. La raison en est simple. Nous mettons le pied dans la Toscane ; mais la Toscane était jadis l'*Etrurie*, et l'Etrurie fut l'une des premières contrées de l'Italie qui eut des habitants, les *Etrusques*.

Les *Pelasges*, descendants de Pélasgus, fils de Japhet, — c'est là reprendre les choses d'un peu plus haut, *ab ovo* comme disent les savants, n'est-ce pas ? *care mi carole*, — les Pélasges partis de l'Orient pour chercher des établissements en Europe, à peu près en même temps que les Ibères ou Georgiens, les Celtes ou Gaulois, les Germains ou Allemands, et les Slaves ou Goths, Huns, Vandales, etc., et arrivés au Danube, se partagèrent en deux hordes : la première descendit dans la presqu'île située à l'est de l'Adriatique et qui devint la Grèce ; la seconde pénétra dans la presqu'île située à l'ouest de l'Adriatique et qui devint l'Italie.

Les Pélasges de l'Italie, d'après les noms de leurs chefs de tribus s'appelèrent alors *Tyrrhènes*, et habitèrent la Toscane actuelle : *Opiques* ou *Osques* et s'établirent dans la Campanie ; *Eques* qui occupèrent le Latium ; *Apuli* qui plantèrent leurs tentes le long des côtes méridionales de l'Adriatique dont ils firent l'Apulie, et enfin les *Peligni* qui formèrent le Samnium. Mais, presque partout les Pélasges, après un certain temps furent vaincus, chassés ou réduits à un état d'infériorité par de nouvelles peuplades survenant du dehors.

Il advint donc qu'au XI° siècle avant l'ère chrétiennne, les *Rasena*, nombreuse tribu venue de la Rhétie, sur les bords du Danube, fondirent un jour sur l'Italie, et tombèrent spécialement sur les Tyrrhéniens, les écrasèrent en partie, en partie les firent esclaves, et, s'emparant du pays qu'ils habitaient, lui donnèrent le nom d'*Etrurie* et s'appelèrent *Etrusques*.

La dénomination Tyrrhénienne resta seulement à la portion de la Méditerranée qui baigne les côtes occidentales de l'Italie, et que l'on désigna toujours sous le nom de *Mer Tyrrhénienne*.

Or, une horde de Rasena, restée dans le bassin du Pô, y avait fondé une *Confédération de douze villes* ou *Lucumonies*, Brixia, Vérone, Mantoue, Felsina ou Bologne, etc., etc.

Une seconde phalange de cette même nation s'enfonça dans le sud de la Péninsule et alla fonder une autre confédération semblable entre le Vulturne et le Sisare, dont les Douze Lucumonies eurent pour villes principales Nole, Vulturne ou Capoue, Atella, Acerra, etc..

Alors dans la nouvelle Etrurie, les Etrusques créèrent une même confédération, et *Cœré, Tarquinies, Véies, Vussinies, Cortona, Clusium, Perusia, Vétulonies, Arretium, Populonie, Volaterra, Faléries,* devinrent ses Douze Lucumonies. Plus tard on y ajouta Florence, Pise et Luques, quand on eut jeté les fondements de ces villes.

Ces trois ligues ne formaient pas un seul état, et même dans chaque ligue le lien fédéral finit par être assez peu sensible. Elles furent longtemps florissantes, celles du nord par l'agriculture, celles du centre et du sud par le commerce maritime. Leurs prêtres avaient une haute réputation de science. Ils inventèrent les augures, l'art des aruspices, et celui d'expliquer les prodiges. C'est d'eux que, plus tard, les Romains empruntèrent presque toute leur religion et surtout les cérémonies du culte.

Toutefois les Etrusques immolaient des victimes humaines et surtout les prisonniers de guerre, ce que ne leur firent pas les Romains, si ce n'est Octave, sur les autels de Pérouse. Leurs sépultures étaient très-soignées, et l'on retrouve tous les jours encore dans les tombeaux étrusques nombre d'antiquités précieuses, qui prouvent que chez eux l'industrie était portée très-loin, surtout pour l'art de la poterie, du vernis, de la peinture. En outre, les constructions de ce peuple étaient solides et colossales. Les Etrusques ont même donné leur nom à un ordre d'architecture qui a pour caractère des pilastres carrés un peu lourds. On a beaucoup d'inscriptions en langue étrusque, qui ressemblait à celle des Osques, ce qui démontre davantage la communauté de leur origine. Mais les caractères diffèrent de l'écriture romaine du temps d'Auguste. Les Etrusques formèrent un peuple qui marchait à grands pas vers la civilisation, puisqu'une des Lucumonies de l'Etrurie, Tarquinies, que je vous signalais tout à l'heure, donna deux rois à Rome. Ces deux rois furent *Tarquin l'Ancien* et *Tarquin le Superbe*. Nous aurons occasion d'en parler quand nous serons à Rome.

Malheureusement l'opulence, la mollesse, le luxe et les vices qui en sont inséparables, préparèrent la chute des Etrusques. De 587 à 521 avant J. - C.; les invasions des Gaulois dans l'Italie brisèrent la confédération du nord et ne laissèrent indépendantes que quelques cité de Rasena.

A partir de 424, les Samnites rompirent de même la confédération du sud en prenant Capoue qui s'appelait encore *Vulturne*.

La confédération du centre fut celle qui résista le plus longtemps, car elle comptait des rois vaillants qui firent même trembler la nouvelle ville de l'Italie, Rome, fondée en 750 avant notre ère. Ainsi le *Lars* ou roi de Clusium, maintenant Chiusi, *Porsenna*, la conquit en un instant, en 507 avant J.-C. Ensuite *Véies* la mit à deux doigts de sa perte, de 485 à 477. Mais enfin Rome fut la plus forte. Elle s'empara de Véies, après une guerre de cent ans et un siége de dix ans. Ce fut le fameux Camille, *M. Furius Camillus*, créé dictateur pour cette circonstance, qui triompha de sa longue résistance non point par escalade, non par assaut, mais par ruse, et au moyen d'une galerie creusée sous terre.

Aussi, le goût des conquêtes venant aux Romains avec le succès, le même Camille fait la guerre aux Falisques, habitants de *Faléries*, autre cité de l'Etrurie, sur les rives du Tibre, et les assiége. Mais alors, un beau jour, il voit descendre de la colline sur laquelle est située Faléries, toute une légion d'enfants sous la conduite d'un seul homme. S'il n'avait rien à redouter d'une semblable armée, il était curieux de savoir ce qu'elle lui voulait. Quel n'est pas son étonnement ! Il a devant lui un maître d'école qui vient lui donner tous les fils des Falisques livrés à ses soins ! Camille fait aussitôt dépouiller le traître de ses vêtements, met une verge à la main de chacun de ses élèves, et le fait reconduire par eux, honni, fouetté, jusque dans la ville de Faléries. Cette noble action gagne au dictateur l'âme des Falisques, et ils s'empressent de faire leur soumission à Rome.

Mais alors, le vainqueur est rappelé dans sa patrie qu'ont envahie, saccagée des hordes de Gaulois, sous la conduite de Brennus. Camille, survenant à l'improviste, surprend le Brenn Gaulois, qui, maître du Capitole, consent à délivrer la ville de ses soldats pillards, à la condition qu'on lui livrera mille livres d'or. Et comme, pour ajouter à la somme énorme qu'il exige, il se sert de faux poids ; sur la plainte des Romains, il jette encore son épée dans la balance en s'écriant : Malheur au vaincu ! Mais Camille lui met la main su l'épaule, le repousse, rend à Brenn son épée, leur or aux Romains, livre bataille aux Gaulois sur les ruines mêmes de Rome et les contraint de s'éloigner de l'Italie.

Alors les Romains, voyant leurs maisons fumantes, leurs temples détruits, leurs frères égorgés, veulent aller s'établir à Véïes, leur nouvelle conquête, car Véïes est si belle, si grande, si forte, si supérieure à Rome dont les décombres jonchent le sol, qu'ils trouveront là une capitale toute faite. Camille s'y oppose, et détermine le peuple à relever leur cité, détruite, ce qui vaut à l'habile général le surnom de Romulus et de second fondateur de Rome.

Aux conquêtes de Véïes et de Faléries, toutes deux situées à quelques milles de Rome seulement, au nord, les Romains joignent ensuite, en 385 et 352, celles de *Tarquinies* et de *Cœre*, placées plus à l'ouest et fort voisines également ; puis ils s'emparent peu après de *Populonie*, nichée sur la pointe nord-ouest du promontoire de Piombino ; et l'on retrouve encore les murailles étrusques de ces villes, indiquant leurs périmètres ; enfin, dans les âges suivants, ils soumettent les autres Lucumonies, de sorte que, au IVe siècle de l'empire, l'Etrurie, sous le nouveau nom de *Tuscie*, qui devient plus tard Toscane, forme l'une des huit provinces du diocèse de l'Italie.

En dernier lieu, au Xe siècle après J.-C., la Toscane formait un duché particulier.

Mais de ces longues guerres avec les Romains, il résulta que presque toutes ces villes furent à peu près détruites. Celle de Véïes fut tellement saccagée que l'on perdit même jusqu'au souvenir de son emplacement ; et pendant que l'on pouvait parcourir et étudier les ruines de Faléries, de Cœre, de Tarquinies, de Populonie, etc., on cherchait en vain des vestiges de Véïes. Heureusement la patience des antiquaires ne se lasse pas facilement. A force de lire les auteurs qui ont parlé de cette vieille cité, à force de chercher, de comparer, d'étudier les sites, le sol, l'espace, on est arrivé à retrouver aussi le tracé de ses murailles, les ruines de ses monuments, et ses tombeaux curieux. Alors, dans son voisinage, comme aux environs des autres cités étrusques, on fit des fouilles, jusque sous les rochers, dans les montagnes et parmi les décombres, et on découvrit enfin des merveilles, sépultures, sarcophages, squelettes, vêtements, armes, peintures, statues, ustensiles de ménage, urnes, vases de toutes sortes et des plus beaux.

Voilà pourquoi je vous disais au début de cette lettre, mes chers amis, que depuis quelques jours nous ne vivions plus avec les vivants, mais en compagnie des morts, parmi les vieux murs étrusques, et entourés de vases funéraires, étrusques toujours.

Nous connaissons déjà *Perusia*, Pérouse, voisine du lac de Trasimène, et nous y avons vu ses tombeaux, ses murailles pélasgique et ses ruines. En outre, pendant notre séjour sur les rives du lac de Trasimène, nous avons fait une excursion à l'ouest du lac, pour y voir *Clusium*. Cette ville nous offrait un intérêt tout particulier.

En 507 avant J.-C., *Porsenna* en était le *Lars*, le *Lucumon*, le roi en un mot. C'était le temps où Tarquin, cet Etrusque parti de la ville étrusque de Tarquinies, après avoir établi sa postérité sur le trône de Rome, venait de mourir, et où son petit-fils, Tarquin le Superbe, était chassé. Porsenna, dans le but de rétablir son allié, son compatriote, quitta Clusium, et alla mettre le siége devant Rome, juste au pied du Janicule, en face de l'Aventin, et n'étant séparé de la ville que par le Tibre. Mais le lucumon de Clusium comptait sans Horatius Cocles, sans Mutius Scœvola, et sans la jeune Clélie.

Alors quittant Rome, Porsenna marche au sud contre les Latins. Mais à quatre milles de la ville, il est battu près d'*Aricie*, et on ne porte plus à Clusium que le cadavre du lucumon Porsenna, tué dans cette rencontre. Le tombeau de ce roi est donc certainement à Clusium ; mais, malgré tout leur zèle, les archéologues et les antiquaires n'ont pas encore trouvé le lieu du repos de Porsenna, qui a su se faire céler à tous les regards. Nous savons, du reste, d'après la description que nous en a donnée *Pline* qui l'avait empruntée à *Varron*, que le tombeau de Porsenna, à Clusium, offrait un style tout à fait original.

Cette ville de Clusium a la tête dans les nuages, car elle couronne une colline fort élevée, et elle a les pieds dans les marais formés par la Chiana qui perd ses eaux. Aussi voit-on de loin briller les lagunes de la *Chiana* dans lesquelles se mire le soleil, mais aussi d'où il fait lever des vapeurs pestilentielles qui chargent la plaine de *mal'aria*, c'est-à-dire d'un air corrompu très-dangereux.

Nous avons vu beaucoup de tombeaux étrusques, et des murailles, et des ruines dans le voisinage de Chiusi, la Clusium de Porsenna. La montagne en est remplie. Mais le plus grand nombre de ces sépulcres sont encore inexplorés. Les plus remarquables de ceux que l'on a ouverts sont situés sur un vallon, à trois milles N. E. de la ville, qui se nomme *Poggio Gajella*. On montre aussi la *Grotta della Monache*, dans laquelle les murailles offrent aux regards étonnés des peintures qui représentent des repas, des jeux de disque, des courses, du pugilat et du saut, jeux grecs d'origine et qui montrent l'influence hellénique chez les Etrusques.

En approchant de la Lucumonie d'*Arretium*, aujourd'hui *Arrezzo*, nous avons eu l'occasion de remarquer combien les Etrusques étaient habiles à choisir les sites les plus pittoresques pour y placer leurs cités. Comme toutes les Lucumonies, ou à peu près, Arezzo est étalée de la façon la plus romantique sur une éminence verdoyante qui domine la plaine. Ses maisons sont élégantes ; ses rues larges et bien pavées ; l'air que l'on y respire est frais et sain ; et ravissante est la vue dont nous fait jouir son plateau.

A Arezzo de ruines cyclopéennes, peu ou prou. Mais dans les jardins d'un couvent, sur une éminence qui offre à l'œil un admirable panorama de la ville, *Amphithéâtre Romain*, non intact, mais encore très-digne d'examen.

Ce fut d'Arezzo, Arretium alors, que le consul Flaminius, voyant Annibal ravager la belle plaine qui entoure la ville, sortit pour le poursuivre. Mais le Carthaginois trop habile l'évita en passant par la vallée de la Chiana et Clusium, et alla s'embusquer et l'attendre dans les défilés du lac de Trasimène.

Mécène, C. Cilnius Mecœnas, le fameux favori d'Auguste, le descendant des rois d'Etrurie, le protecteur des lettres romaines, l'ami d'Horace, de Virgile, de Properce, l'époux de l'altière et infidèle Terentia, reçut le jour à Arezzo.

Guy l'Aretin, surnommé *Guy d'Arezzo*, le moine bénédictin de l'abbaye de Pompola. au duché de Ferrare, l'inventeur, notez bien ceci, chère Angélique, vous qui délectez si souvent nos oreilles de vos jolies romances, l'inventeur de l'*échelle diatonique* appelée *gamme*, ut, ré, mi, fa, sol, la, si, ré, est un fils d'Arezzo, où il vint au monde, en 995.

François Pétrarque, le célèbre poète, l'ami de Laure de Noves, le Guelfe ardent, l'Archidiacre de Parme, l'Ambassadeur des rois, naquit à Arezzo, en 1304. Au faubourg des Jardins, *Sobborgo dell'Oorto*, près de la cathédrale, nous visitons la maison qui le vit venir au monde le 20 juillet, et où ses parents, bannis de Florence, y avaient, ainsi que Dante et le parti des *blancs*, chassés par les *noirs*, trouvé une généreuse hospitalité.

Michel-Ange Buonarotti, le soleil de la peinture, de la sculpture, de l'architecture, l'auteur des magnifiques marbres le Jour, la Nuit, l'Aurore, le Crépuscule, il Pensiero, qui font la gloire de San-Lorenzo, à Florence ; du Jugement dernier qui décore la chapelle Sixtine, au Vatican, de la Coupole de saint Pierre, à Rome, l'immortel Michel-Ange, est né, en 1474, au château de Caprese, non loin d'Arezzo.

Bruni Léonard, dit l'*Arétin*, écrivain, secrétaire apostolique du pape Innocent VI, chancelier de Florence, a vu le jour à Arezzo, en 1339.

Pierre l'Arétin, le poète impur, le réfugié de Pérouse, l'exilé de Rome, l'ami de Jean de Médicis à Milan, l'hôte de Venise, le *Fléau des Princes*, en un mot, naquit à Arezzo, en 1492. On voit son portrait au *Palazzo Publico*.

Georges Vasari, le peintre, l'architecte, l'écrivain, le savant critique, le biographe des peintres, vit le jour à Arezzo, en 1512.

Giuttone, le restaurateur de la musique ; *Margaritone*, le peintre-sculpteur ; *Spinello*, l'artiste exquis ; le cardinal *Bibbiena* ; *André Cisalpin*, le créateur de la botanique : *Lorenzo Pignotti*, l'écrivain universel ; les *Accotti*, *Benoît* et *Bernard*, jurisconsulte et historien, l'un, l'autre poète et ami des papes Urbain et Léon X, sont nés à Arezzo, au XV° siècle.

Ouf ! en voilà, j'imagine, et des meilleurs ! Ce n'est pas tout cependant : il m'en reste au moins un à signaler. C'est *Concino Concini*, cet Italien qui vint en France, en 1600, avec Marie de Médicis, femme de notre Henri IV, et qui, sous Louis XIII, vit sa digne moitié *Eléonora Galigaï*, camériste de la reine, s'élever et l'élever avec elle à la plus haute faveur, sous le titre de *Maréchal d'Ancre* ?

Enfin nous arrivons à Volterra, à l'ouest de Sienne. Mais nous n'y arrivons qu'à grand'peine, par un affreux chemin pierreux, sur lequel notre généreux Garisenda recule souvent plus qu'il n'avance. De loin Volterra nous paraît belle ; nous lui voyons des tours, de grands monuments, des églises. Une fois dans la ville, l'aspect change. Spectacle lamentable alors. Anciens édifices écroulés, palais effondrés, toitures crevées et prêtes à tomber. Ici et là, s'élève quelque demeure habitée ; le reste, tout à l'entour, n'est que chaos.

Volterra, l'ancienne *Velathri*, est la Lucumonie étrusque qui conserve le plus de vestiges de son ancienne origine. Sa colline est baignée, au nord, par l'*Era*, et au sud, par la *Cecina*. La hauteur du Chaînon des Apennins qui sert d'assiette à la ville, et qui surpasse en élévation toutes les collines environnantes, a dû lui assurer, dans les premiers âges, une longue sécurité, comme elle lui vaut encore un air salubre et l'une des plus belles vues que l'on puisse avoir dans cette belle région d'Etrurie, qui porte le nom de *Province des Marennes*. Volterra doit sa réputation actuelle bien plus à l'aspect de ses ruines et au nombre considérable de monuments trouvés dans ses *hypogées* (1), qu'à la mention qui en est faite par quelques anciens historiens.

_____

(1) Souterrain, de γη *sous* et υπο terre , sous terre.

Tite-Live parle d'elle dans son histoire romaine, lorsqu'il nous apprend que les Etrusque s'étant déclarés contre les Romains daus la *Guerre des Samnites, Cornelius Scipion* les combattit à Volterra, en l'an 456 de la fondation de Rome (1), et les obligea à la retraite. Toutefois, l'une des dernières villes étrusques au nord-ouest de Rome, et par conséquent l'une des plus éloignées de cette capitale, elle fut moins souvent en contact avec elle que les Lucumonies plus rapprochées du Tibre. Cependant l'Etrurie tout entière fut soumise par les Romains, et Volterra devenue un municipe romain, fut inscrite dans la *Tribu Sabatina*, ainsi que le prouvent les nombreux monuments épigraphiques retrouvés dans ses murs. Ce fut donc comme municipe romain qu'elle prit parti dans les guerres civiles de *Marius* et de *Sylla*.

L'histoire de Volterra sous les empereurs est peu connue. Quelques restes de *Thermes* et l'emplacement d'un *Amphithédtre* situés sous les murs modernes, près de la *Porta Florentina*, telles sont les seules traces de la domination romaine. L'amphithéâtre, devenu une prairie, sert aujourd'hui d'hippodrome. Quant aux Thermes, ils n'offrent plus que des substructions et une belle mosaïque, placée maintenant dans le musée de la vieille cité.

C'est donc la Volterra ou plutôt la *Velathri* des Etrusques qu'on trouve empreinte sur le sol. Je dis Velathri, parce que d'anciennes *monnaies*, extraites des décombres, portent ce nom que l'on suppose contracté de celui des cités de *Velia* et de *Hadria*, toutes deux habitées par des Pélasges-Tyrrhéniens, qui se seraient réunis pour coloniser Volaterra ou Volterra.

Vous comprenez, mes chers amis, quelle hâte nous avons de courir aux vestiges étrusques.

Les *remparts antiques* de Velathri, qu'on dirait taillés par la main des géants, sont encore debout après trois mille ans ! La ville moderne occupe seulement une partie de la Lucumonie étrusque, que la forme de la montagne rendait très-irrégulière, mais dont on recompose facilement l'enceinte tout entière à l'aide de fragments de murailles que l'œil relie sans peine l'un à l'autre, tant ils sont encore nombreux et apparents. Leur périmètre complet était d'environ sept mille trois cents mètres. Le plus beau fragment de ces anciens remparts sert de souténement et de clôture aux dépendances du *Couvent de Sainte-Claire*. On y voit dans toute sa hauteur primitive, l'ap-

(1) *Tite-Live*, liv. X, 12.

pareil de ces immenses constructions, procédant par assises régulières, et dont quelques pierres, que nous avons mesurées, ont de dix-huit à vingt pieds de longueur, sur huit ou dix de hauteur et sur sept d'épaisseur. Ces blocs, ajustés l'un sur l'autre avec une extrême précision, sont maintenus par la seule force de leur poids immense, sans l'aide d'aucun ciment ou mortier. Quant à la nature de la pierre, tuf calcaire, très-dur, de couleur grise, mise à la portée des Etrusques, c'est-à-dire, extrait de la base de la montagne qui porte Volterra.

Une porte qui sert encore d'entrée à la ville moderne, et qu'on nomme *Porta del Arco* ou *Porte d'Hercule*, parce qu'un temple d'Hercule s'élevait dans les environs, on le suppose du moins, offre un autre spécimen magnifique de la Velathri des Etrusques. Composée comme les murs auxquels elle se relie, de blocs rectangulaires, le ceintre qui la couronne est formé de dix-neuf pierres taillées en voussoirs. Celles de droite et de gauche, et celle du centre ou la clef montrent la sculpture en haut relief de têtes frustes, à ce point que l'on ne saurait dire si elles sont des têtes d'hommes ou de lions. Cette porte compte sept mètres de hauteur sur quatre de largeur.

En dehors de la ville antique en sortant par sa *Porte de Diane*, on a trouvé le cimetière étrusque, l'*Hypogée*, car les Etrusques plaçaient leurs morts sous terre. Pour y arriver, on traverse un bois de cyprès, digne avenue de cette nécropole. Alors on voit, creusé dans le tuf, une large enceinte circulaire. Autour de cette excavation règne un gradin d'un mètre de haut. C'est sur cette longue assise de pierre que les Etrusques plaçaient leurs urnes sépulcrales. Mais ces vases funéraires ont été enlevés et placés dans le musée.

Il y a d'autres hypogées, mais la main de l'autorité les a fermées.

Clusium, je vous l'ai dit, nous montre des peintures dans ses hypogées. Les nécropoles de Tarquinies et de Cœre en possèdent également. Mais les murs de la nécropole de Volaterra n'en conservent aucune trace.

Nous avons complété l'examen des antiquités étrusques de Velathri, en nous rendant au Musée que renferme le *Palazzo Pubblico*, édifice du XIIIᵉ siècle, couronné de créneaux, et surmonté d'un beffroi carré à fenêtres ogivales. Nous y trouvons la plus riche collection d'urnes funéraires que possède l'Europe : elle l'emporte assurément sur celle du Museo Borbonico, de Naples. En comparant les types de ces urnes, mises en ordre, on y trouve la gradation artistique la plus sensible, et on y lit la pensée qui inspirait à ces peuples l'ornementation symbolique de ses monuments funèbres.

Ces vases sont de toute grandeur ; mais les plus forts ne vont pas au-delà de nos plus belles potiches. Ils ont des lèvres évasées ou rentrantes, plus ou moins richement ornées d'oves, de godrons, de guirlandes, mais peints, et non saillants. Le plus ordinairement ce sont des sujets, peints toujours, et représentant des scènes religieuses ou des jeux. Les uns ont des anses fort gracieuses généralement, les autres, plus élancés alors, en sont privés. On juge de la beauté de ces urnes par leur profil qu'on appelle *galbe*.

Deux sortes d'urnes : les unes, *à fond rouge*, avec des dessins noirs ou blancs, sont les *vases étrusques* proprement dits ; les autres, *à fond noir*, avec des dessins rouges, sont des *vases grecs*. Il n'y a pas à sortir de là. Mais on y trouve la même origine. puisque les Etrusques, comme les Grecs, descendent des Pélasges. Vous avez la clé de la science des vases antiques. Seulement vous concevez que ces vases noirs, à dessins rouges, sont plus rares ici ; au contraire, en Grèce et en Sicile, on ne trouve pas des vases rouges à dessins noirs. Rien de pur, de fini, de gracieux, d'exquis comme ces dessins qui tranchent nettement sur le fond qui leur sert de repoussoir. Ils représentent des sacrifices, des courses, des festins, de pompeux banquets célébrés aux sons de la cithare et des flûtes par des personnages en costumes autant grecs qu'asiatiques. Car les Pélasges étant sortis de l'Asie, avaient dû conserver des usages de leur contrée originelle. C'est ainsi que les Egyptiens, sortis également de l'Asie, ont également des vases dont la forme et les dessins ont rapports aux urnes qui nous occupent. Il en est de même des Phéniciens, des Assyriens, etc.

Ces rapports entre les vases de ces peuples s'étendaient quelque peu aux monuments, œuvres de l'architecture. Toutefois les Etrusques avaient un mode spécial de construction qui passa dans l'architecture romaine, et qui nous est venu par eux, sous le nom de *Toscan*. Cet ordre, inconnu aux Grecs, démontre que les Tyrrhéniens ont possédé un art réellement national.

Du reste, chez tous les peuples de l'antiquité, l'art fut intimement lié à la religion qui constituait la base de toute la société ; et ce principe est vrai, surtout pour le peuple qui nous occupe. Ce serait l'occasion de jeter un coup-d'œil sur la religion des Etrusques, dont on voit mille épisodes sur les urnes funéraires, et cela vous ferait voir la corélation de leurs souvenirs avec la vérité biblique. Ainsi, suivant eux, le *Démiurge* créa le monde dans l'espace de six mille ans. Dans le premier millénaire, il fit le ciel et la terre ; dans le second le firmament ; dans le troisième, la mer et les eaux ; dans le quatrième, le soleil et la lune, dans le cinquième, les âmes des oiseaux, des reptiles et des animaux; dans le sixième, l'homme. Leurs dieux, *Tina, Minerfa, Capra*, puis *Nethuns, Diana, Janus*, sont devenus les Jupiter, Minerve, Junon, Neptune, Diane, etc., des Grecs et des Romains. Chaque dieu, chaque homme, chaque ville, chaque maison avait son démon ou son génie : de là les *Pénates*, génies des dieux ; les *Lares*, génies du foyer domestique ; les *Mânes*, génies des hommes. L'Etrurie voyait souvent des météores illuminer les nuits, des tremblements de terre déchirer le sol de ses régions, des bruits souterrains troubler le repos de ses peuples, etc. Il s'y faisait certaines apparitions de monstres, par exemple, de *Volta*, horrible dragon, qui ravagea la ville et le territoire de Volsinies jusqu'à ce que les prêtres fussent parvenus à le tuer en évoquant la foudre de *Tina-fulgur.* L'influence de tels phénomènes sur le caractère du peuple étrusque amenait l'exaltation religieuse et la mélancolie. Aussi les pères de l'Eglise nomment-ils l'Etrurie la mère des superstitions. De là un dédale de rites et de cérémonies, dont le nom semble avoir pris son origine de la Lucumonie de *Cœre*, Cœré-monie. Le Dieu ou la déesse *Vollumna* avait un temple dans lequel se tenaient les assemblées de l'Amphictyonie Etrusque, et les Romains imitèrent ce culte dans leur vénération pour *Conso*, la déesse des conseils publics. *Mortia*, qui répond à la fortune des Latins, avait son sanctuaire à Volsinies, à cette heure Bolsina. A *Fésules*, aujourd'hui *Fiésole*, près de Florence, on adorait *Ancoria*. Le dieu de Véïes, *Alesus*, était un descendant de Neptune. Mais la plus célèbre des divinités étrusques était *Vertumnus*, dieu des saisons, de la fécondité, de la maturation. Les Romains l'adoptèrent également. Il avait son temple, à Rome, dans le quartier Etrusque, *Vicus Tuscus*. Les sujets sculptés sur les urnes étrusques nous montrent encore des génies armés d'un marteau, et frappant ceux que la mort a désignés. D'autres *mânes* ou génies traînent sur un char l'ombre du défunt dans le noir séjour. Voilà l'enfer qui paraît. Parfois les bons et les mauvais génies se disputent l'âme qui va quitter la terre. *Mantus* est le dieu des enfers. Ce Mantus doit être une altération de l'*Amenthi* des Egyptiens, car les peuples se copiaient. Mais l'idée était là, vivace, générale, universelle, altérée, mais fondamentale et vraie.

Je m'arrête : Vous devez crier : Grâce !

Perse, le satirique latin, était né à Volterra.

Mais Volterra se tient pour plus honorée encore d'avoir donné le jour au fameux peintre Daniel, surnommé *Daniel de Volterre*, dont les descendants occupent encore la *Casa Ricciarelli*. Le grand chef-d'œuvre de cet artiste est sa merveilleuse Descente de Croix. Il vivait de 1509 à 1566.

Nous quittons Volterra de bonne heure, un matin, et par des vallées encore plongées dans l'ombre, et des montagnes qu'illumine le soleil ; en franchissant quelques plaines stériles et monotones, nous arrivons aux Maremmes qui entourent Sienne et Florence.

On appelle *maremme*, *maremma* en italien, des terrains isolés et situés autour de Sienne, vers le versant occidental des Apennins, et qu'on ne saurait, en été, habiter sans danger, à cause des émanations délétères qu'exhale un sol imprégné de soufre et d'alun. Les Etats de l'Eglise, et le royaume de Naples, ont aussi leurs maremmes. Ce n'est guère que vers la fin du xv° siècle que l'on remarqua l'insalubrité de ces terrains, qui semblent aujourd'hui vouloir gagner au-delà de Volterra, bien que Volterra soit à trois mille six cents pieds au-dessus du niveau de la mer. Avant cette époque, ces terrains, mieux cultivés, offraient peu de danger. Mais, de nos jours, la population, fixée sur le sol ainsi frappé d'insalubrité, doit se hâter de l'abandonner, quand vient l'été, si elle ne veut être décimée par des fièvres lentes, généralement mortelles. Déjà la *mal'aria*, c'est ainsi que l'on nomme les émanations des maremmes, règne dans quelques rues de Rome, et dans toute sa campagne ; et on pourrait presque conjecturer qu'un jour cette grande cité deviendra tout à fait inhabitable. Quand la culture du sol est abandonnée, et que, par suite, la végétation s'y affaiblit, le mal devient plus grand encore. Vu à distance, du haut des collines, le sol des maremmes, sous les brûlants rayons du soleil, apparaît blanchâtre, et comme semé d'une fine poussière de diamants qui rutile. Il s'en élève un scintillement de vapeurs étranges. En hiver, au contraire, les maremmes se métamorphosent en riches et vertes prairies où le bétail, que l'on fait paître en été sur les versants des montagnes, trouve une saine et abondante nourriture. A cette époque de l'année, l'homme peut y résider, même à ciel découvert, sans nul inconvénient. Les plantations d'arbres, paraît-il, remédieraient à ces malignes influences, sans toutefois les faire disparaître entièrement. Les ducs de Toscane ont déjà fait bien des efforts pour assainir les contrées voisines de Sienne.

Notre Garisenda semble comprendre qu'il ne fait pas bon marcher lentement dans l'atmosphère infecte des maremmes. Aussi franchit-il la plaine avec une rapidité sans égale, lorsque subitement, à l'horizon, parmi de verdoyantes croupes de collines qui descendent des Apennins, dont nous nous rapprochons, nous voyons comme nager dans les blanches vapeurs une ville aérienne.

C'est *Sienne*, jadis *Saena*, *Sena Julia*, que les Italiens nomment *Siena*.

Elle est assise sur trois cîmes de montagnes réunies à leur base, mais plus élevées que les autres collines qui leur forment cortége. C'est tout un semis de tours gothiques, débris d'antiques habitations féodales, de donjons hardis, de clochers, de flèces et de dômes, qui s'élancent vers les cieux, menacent le firmament, brodent et dentellent l'éther bleu, et produisent à l'œil le plus ravissant effet. Le long des rampes de ces trois collines, montent ou descendent, comme des serpents qui rampent, de longues rues composées de maisons anciennes, les unes, modernes, les autres ; de palais couronnés de clochetons, d'églises aux frontons imposants, et de façades et de toits, blanches les unes, rouges les autres, qui produisent dans l'ensemble une mosaïque curieuse, et d'autant plus étrange que la verdure des talus des montagnes et des hautes plantations d'arbre donne au tableau un aspect des plus romantiques.

Ces trois pointes de la ville sont enserrées à leur base par une longue ligne de remparts que percent sept portes principales : la *Porta Romana*, au sud, qu'une fresque de *Ansano di Pietro*, représentant le couronnement de la Vierge, décore de ses vives couleurs ; les *Porte Tufi, San-Marco, Laterina, di Fonte Branda*, qu'embellit une fontaine, ouvrage de *Bellamino*, 1193, *di Camullia* ou *de Florence*, au nord ; la *Porta Ovili* et la *Porta Pispini* ou *di San-Vieni*, ornée d'une belle fresque de la Nativité, par le *Sodoma*, 1531 ; et enfin, la nouvelle porte de *San-Lorenzo*, qui ouvre en face du chemin de fer de Sienne à Florence.

Garisenda, notre cheval intelligent et... friand, nous conduit de lui-même à l'*Albergo dell' Aquila Nera*, où, fatigué d'avoir gravi les hauteurs escarpées de Sienne, il pressent qu'une fraîche et abondante litière l'attend, et qu'une bonne provende lui sera servie sous nos yeux.

Sienne n'est pas une ville ordinaire, gardez-vous de le croire, mes chers amis. D'abord, son cachet spécial est de ne vous montrer que des femmes très-belles, et parfaitement bonnes surtout, chose non pas rare, chère madame, mais chose qui cependant mérite d'être... signalée. Oui, on vante la beauté, l'éclat du teint des Siennoises, mais plus encore la perfection de leur caractère, la douceur de leur ton, l'aménité de leurs manières et la sagesse de leurs discours. Ensuite, j'affirme qu'à Sienne on trouve une gaîté entraînante, une hospitalité pleine de grâce et de cœur, et une courtoisie incomparable. Comment pourrait-il en être autrement, quand sur leur porte di Camullia les Siennois ont fait graver l'inscription que voici :

COR MAGIS TIBI SENA PANDIT !
Sienne t'ouvre encore plus son cœur que sa porte !

Physiquement, le plan de Sienne offre aux regards étonnés la figure d'une étoile à trois pointes, rayonnant d'une place centrale, *Piazza del Campo*, sans contredit l'une des plus originales de l'Italie. Cette forme d'étoile provient de ce que Sienne fut bâtie sur trois collines, et se trouva naturellement divisée en trois *tezzi* ou quartiers. Alors la Piazza del Campo fut dessinée juste au centre des trois cîmes des collines qu'elle couronne de ses églises, de ses monuments, de ses palais et de ses maisons. A cette place, on donna l'étrange aspect d'une immense coquille, à laquelle onze rues régulières viennent aboutir, et qu'entourent de splendides constructions, parmi lesquelles brille le *Palazzo Publico*, l'ancienne Seigneurie de Sienne, le Capitole de la République Siennoise dont cette Piazza est le *Vetus Forum*. Bâti de 1295 à 1327, par *Angelo* et *Agostino*, les deux architectes de la Seigneurie, ce palais, magnifique par sa forme sévère et imposante, est rendu plus recommandable encore par la haute *Torre della Mangia*. On ne peut imaginer une tour, un donjon, un beffroi avec des formes plus sveltes, des ornements plus élégants et une hauteur aussi prodigieuse. Rien n'égale le délicieux panorama que la ville et ses environs offrent au regard ému du touriste du haut de la Torre della Mangia. N'oublions pas de dire qu'une charmante *Fontaine* décore cette Piazza, qui, chaque année, au 15 août, sert d'hippodrome pour des courses tellement périlleuses que, dans leur bonté d'âme, les Siennois disposent tout autour des matelas pour amortir les chutes des cavaliers et des chevaux. Enfin, ajoutons que les rues qui rayonnent de cette place, montant et descendant sans cesse, sont pavées les unes de larges dalles, les autres de briques posées sur champ. Pour dernier coup de crayon dans ce croquis, disons aussi que des jardins, situés sur les points culminants de la ville, offrent des points de vue enchanteurs.

L'italien de Sienne passe pour l'un des dialectes les plus purs de l'Italie. C'est celui qui a le plus de rapports avec notre langue française. Un médecin très-lettré du XIII° siècle, *Aldobrandino*, de Sienne, comme *Brunet Lutin*, le précepteur du Dante et l'auteur d'un livre intitulé le *Tesoro*, se servit de notre langue dans ses ouvrages. Aussi, comme le dit M. Valery, dans ses Curiosités Italiennes : « Cette supériorité, cette universalité du français est très-antérieure à nos chefs-d'œuvre littéraires et à l'ascendant momentané de nos armes. On en est tout bonnement redevable au commerce actif qui avait lieu entre la France et l'Italie, et particulièrement la Toscane... »

Puisque j'exalte en ce moment les avantages physiques de Sienne, qu'il me soit permis de faire savoir ici qu'à Sienne, on échappe même aux piqûres de ces horribles moustiques, de ces affreux zinzares, qui, dans toute l'Italie,

mais spécialement à Padoue, à Venise, et à Florence, hélas ! où certainement
ils nous attendent, font du pauvre corps des voyageurs un champ de foire sur
lequel, pendant la nuit, ils exécutent sabbat, farandoles et gigues excen-
triques, au point de produire une enflure générale qui est cause qu'en pré-
sentant à la police vos passeports, à la lecture de votre signalement on ne
vous reconnaît plus et on a des doutes sur votre individualité. C'est cruel
cela !

Et puis, autre avantage, quels vins exquis, celui de *Chianti* surtout, l'on
vous sert à Sienne ! Aussi *Redi*, un poète, un poète né à Arezzo, en 1626,
— ah ! vous voyez que je n'avais pas nommé tous les grands hommes auxquels Arezzo a donné le jour, — dans un *Dithyrambe*, délicieux comme le
vin qu'il chante, a préconisé ce vin :

> Del buon Chianti il vin decrepito,
>   Maestoso,
>   Imperioso,
> Mi passeggia dentro in core;
> Esso scaccia senza strepito
> Ogni affanno e ogni dolore.

« *Le vin vieux du bon Chianti, majestueux, impérieux, se promène
dans mon cœur, et en chasse, sans bruit, tout chagrin, toute douleur.* »

Dites que Sienne n'est pas un pays de courage !

Mais ce n'est pas tout, c'est aussi un pays de gloire et de vaillance. De
son origine, rien de bien assuré. Fut-elle fondée par les Etrusques ? on ne
peut le dire : nul vestige d'antiquité thyrrhénienne dans ses murs. Doit-elle
sa fondation à Jules-César qui l'aurait nommée *Sena Julai*, ou aux triumvirs ? C'est très-possible ; mais pas de preuves à l'appui. Acceptons-la
parmi les enfants trouvés, et disons bien vite qu'au moyen-âge elle prit à
cœur de se faire un nom et d'acquérir de la célébrité comme république
indépendante, et comme la plus redoutable antagoniste de Florence et de
Pise, ses voisines.

Elle avait l'humeur guerrière. Cet épisode le montre :

A l'époque en question, le jeu de coups de poings, *delle pugne*, était en
grande faveur à Sienne, mais l'autorité ne le tolérait qu'aux jours du carnaval, sur la Piazza del Campo, où l'on ne mettait pas encore les matelas
dont je vous ai parlé. Ce jeu des coups de poings remplaçait, à partir

de 1291, un autre jeu passablement rustique, le combat à coups de massues,
par trop barbare, qui avait nom *dell' emora*. Donc, les Siennois se partageaient en deux bandes, et s'armaient du *ceste* (1), comme les Grecs.
Du Palazzo Publico, le signal était donné par la trompette. Au premier son,
les lutteurs s'avançaient, s'attaquaient, se défendaient, et une affreuse mêlée
avait lieu. Maints cadavres jonchaient le sol. L'une des bandes proclamée
victorieuse, elle se précipitait incontinent dans la ville, pillant, saccageant,
dépouillant les boutiques des vaincus, et y prenant, en gens de bon goût, ce
qu'il y avait de meilleur et de plus cher. N'allez pas croire, mes amis, que ce
jeu de coups de poings était réservé à la... canaille, *canaglia* en italien.
Nenni pas! Les nobles seigneurs, les augustes magistrats, voire même *il
signor Podesta*, s'amusaient à ces luttes. Quand je dis s'amusaient, j'aventure ce mot, puisque bien des horions, des mâchoires fracassées, des crânes
entr'ouverts, et des yeux avariés s'en suivaient. Aussi que le Siennois
d'aujourd'hui, brave toujours, mais doux, bon, homme d'ordre et de paix,
diffère du Siennois d'alors!

C'est au XIIIe siècle que cette ville se constitua en république et se rangea
au parti des Gibelins en recevant dans ses murs, en 1258, *Farinata degli
Uberti*, et consors, quand Florence les exila. Alors la République Florentine
souffla le feu de la discorde dans Sienne, dans le but de profiter des troubles
qui en résulteraient. Il advint de ceci qu'une guerre acharnée dut éclater et
que les deux villes rivales cherchèrent mutuellement à se détruire. Malheureusement pour les Siennois, ils agréèrent comme gouverneur *Pandolphe
Petrucci*, qu'ils ne savaient pas secrètement allié avec les Florentins, et qui
usant de tous les artifices qu'inspire l'hypocrisie, mit Sienne à deux doigts
de sa perte. Le ciel prit cette ville en pitié, car Pandolphe mourut. Éclairés
sur ses véritables projets, les Siennois s'empressent d'expulser de leurs
murs les fils de cet odieux et vil tyran : ils prennent ensuite les armes et
triomphent de leurs ennemis. Mais inhabiles à se gouverner eux-mêmes, de
sourdes menées rallument de nouveau les querelles intestines. Patriciens et
plébéiens, rivalités du dedans et rivalités du dehors, tout marchait à mal par
défaut de s'entendre. Tantôt Sienne voulait se donner à l'empire d'Allemagne,
tantôt elle voulait se mettre sous le protectorat de la France. Bref, grande
par la vaillance de ses citoyens, la République Siennoise, trop bornée dans
son étendue, était haletante d'épuisement.

---

(1) Cestes, du latin *cœstus*, dérive de *cœdere*, *frapper*. Le ceste est un gantelet de cuir
garni de fer ou de plomb, dont les athlètes se servaient dans les combats du pugilat.

Cependant, au milieu même de ses calamités, la ville s'embellissait sous l'inspiration du génie des arts. Elle se donnait le renom d'être la cité d'Italie où l'architecture adoptait les plus purs éléments germaniques. *Agostio*, *Agnolo* ou *Angelo*, la décorait de ces palais moyen-âge qui lui donnent un caractère que n'ont pas les autres villes. Si, d'une part, la sculpture n'y enfantait rien d'original, de l'autre, la peinture y voyait naître de tels prodiges que *Lanzi* écrivait à leur occasion : « Une école récente au milieu d'un peuple toujours gai, tel est le spectacle que présente l'école Siennoise. » *Le Guide*, de Bologne, commence, en effet, sa réputation. Bientôt Sienne rivalise avec l'école de Florence. Au xive siècle, *Duccio di Buoninsegna* frappe tous les regards par la grandeur et la noblesse de ses types. Puis vient *Simon di Martino*, plus communément nommé *Simon Memmi*, ou bien encore *Simon de Sienne*, de 1230 à 1344, qui, contemporain du *Giotto*, comme lui, crée des merveilles. Toutefois, au xve siècle, l'école de Sienne, malgré ses efforts, est distancée par celle de Florence, mais elle se relève et se maintient à l'époque de la décadence.

Dans l'art des mosaïques, grâce à la qualité des pierres que lui fournit son voisinage, Sienne tient l'un des premiers rangs. *Duccio* en décore le pavé du Duomo. *Matteo de Ciovanni* perfectionne l'emploi des marbres de couleur. *Beccafumi*, plus avancé encore, arrive à produire des clairs, des demi-teintes et des ombres.

Enfin la sculpture sur bois a aussi de grands maîtres à Sienne, et les deux *Barilis*, aux xve et xvie siècles, perfectionne cette autre branche de l'art.

Quant aux fêtes, comme les républiques du moyen-âge aiment à en offrir aux citoyens qui la composent et aux étrangers qu'elle y convie, la *Festa del Palio* de Sienne, était l'une des plus brillantes de l'Italie. Elle avait lieu sur la *Piazza della Signoria*, dont Dante, sans le vouloir, changea le nom en celui de *Piazza del Campo*, uniquement pour avoir écrit dans ces vers :

> *Quando vivea più glorioso, disse,*
> *Liberamente nel Campo di Siena*
> *Ogni vergogna deposta, s'affisse* (1)

On bordait cette place de gradins : les fenêtres étaient garnies de tentures

---

(1) Lorsqu'au temps le plus glorieux de ma vie, je m'agenouillai volontairement sur la *Place du Champ* de Sienne, après avoir déposé toute honte.

à crépines d'or ou de soie : le peuple se coiffait de légers chapeaux de paille ; et, comme chaque *contrada* ou rue de Sienne avait alors une cocarde d'une couleur et d'une forme différentes, ces chapeaux étaient ornés des cocardes les plus variées. Ainsi émaillée d'une multitude vêtue de brillantes couleurs, selon la mode du temps, et dont toutes les parties, même les plus reculées, permettaient de voir le spectacle, cette Piazza, en forme de coquille, nichio, offrait le coup-d'œil le plus pittoresque. Notez que le luxe des ajustements et des toilettes des dames devait être grand déjà, puisque Dante en parlant de la vanité et de la coquetterie des Siennoises, s'écrie :

> *Ed io dissial poeta : or fu giammai*
> *Gente si vana come la* Sianese?
> *Certo non la* Francesca *si d'assai* (1).

D'abord, la noblesse et les seigneurs, qui à cheval, qui en grande pompe de pied, les dames en litière, suivis de varlets en hoquetons chamarrés d'armoiries, beaucoup sur des dextriers de guerres caparaçonnés de housses aux écus étincelants, et de gentes demoiselles assises sur leurs douces haquenées et allant à l'amble, chevauchaient ou défilaient sur la place aux acclamations de la foule, et allaient prendre place sur des estrades réservées ou aux fenêtres du Palazzo Publico. Quant à la Torre della Mangia, ce jour là, elle ressemblait à un immense épi vivant, tant elle était hérissée de corps d'hommes et d'adolescents aux têtes éveillées et aux regards curieux.

Alors commençait la *Procession des Bannières.* Elle était annoncée par un hurrah tellement formidable que, des toits du palais et des autres édifices, s'élevaient, comme un nuage épais, des milliers de pigeons qui en faisaient leur promenade habituelle. Alors il fallait voir les curieux suivre dans leur vol ces oiseaux, et de la direction qu'ils prenaient, tirer un augure, tout comme eussent fait jadis les Etrusques. Mais cela s'explique, car les Siennois partagent les opinions de leurs ancêtres à l'endroit des présages, ensuite, ils sont convaincus que la contrada vers laquelle les pigeons se dirigent, doit remporter la victoire.

Dix tambours, vêtus à l'espagnole, mais d'une couleur différente, selon

---

(1) Et je dis au Poète : Fut-il jamais nation si vaine que la siennoise ? Non certes ! pas même la nation française.

l'une des contrada qui composent Sienne et qu'ils représentent, ouvrent la marche de la Procession des Bannières, et suivent de larges et rutilants étendards portés par des hommes robustes qui agitent et font briller au soleil les vives couleurs de ces bannières. L'antique oriflamme de la Seigneurie, appelé *Pantera*, occupe le premier rang. Sur un char drapé, décoré, figurent les bannières des autres contrade de Sienne ; mais comme l'espace réservé à la lutte ne permet d'accepter que dix lutteurs, ces étendarts servent simplement à embellir le cortége et représentent les rues dont les habitants n'entrent pas en lice. La marche est close par les *Capitani* des contrade. Ce sont des magistrats élus par le peuple, vêtus aussi à l'espagnole.

Ce costume espagnol n'est pas de rigueur. Une autre année, on le remplace par un costume français, anglais ou allemand, etc., selon la scène que l'on veut représenter. Car, après les bannières, vient un vaste char qui porte de nombreux personnages, rois, reines, guerriers, savants, etc., selon le fait historique des Annales de la ville au quel on veut donner les honneurs de la représentation. C'est le décor principal, la partie noble, le bouquet de la fête. A la suite de ce char, selon l'épisode adopté, généralement une entrée d'empereur ou d'impératrice, s'avance fièrement une nombreuse chevauchée de paladins et de dames montés sur de beaux palefrois, richement houssés, qui, au chiffre de quatre ou cinq cents, se pavanent et se panadent au grand plaisir de la foule qui se délecte.

Enfin viennent les chevaux destinés à la course. Eux aussi portent les insignes des contrade qu'ils représentent. Des *fantini*, nos jockeys, les conduisent à la main, avant de les monter. A la vue de ces nobles coursiers, les poitrines se dilatent, la curiosité s'éveille, la fièvre commence. C'est l'heure de la grande émotion. Les épis de blés qui couvrent la plaine se courbent et ondulent sous le frémissement des brises dans la saison des moissons ; les têtes de cette multitude compacte ondulent et frémissent de même à la vue de ces chevaux ; pas un homme, pas une femme, pas un enfant, qui ne palpite à la pensée de la lutte et sous l'impression de l'espérance. A l'extrémité du Nichio, les coursiers, montés par leurs fantini, sont alignés : le signal est donné. Les dix chevaux s'élancent, se dépassent, se distancent, se rejoignent, se dépassent encore, et cependant font trois fois le tour de la place. Oh ! ce moment est solennel, voyez-vous. Nos courses nous amusent, nous ; mais, dans le fond, peu nous importe à qui écherra la victoire. A Sienne, ce n'est pas de l'amusement, c'est de la passion, de l'enthousiasme, du délire. De la place, comme des balcons, s'élèvent des cris frénétiques : il se fait une agitation, un mouvement que rien ne peut rendre. Gloire au vainqueur ! On se porte vers le noble cheval qui se redresse et hennit : on le presse, on le baise ; ceux du quartier qu'il représente surtout lui font fête. Il n'est sorte de caresses qu'on ne lui prodigue. Or, notez que j'ai quelque peu poétisé la chose en appelant les chevaux de *nobles coursiers*. Ces lutteurs ne sont ni des pur-sang, ni des demi-sang, mais tout simplement de pauvres haridelles efflanquées que l'on va tirer des maremmes pour cette fête brillante, et leurs jokeys ne sont autres que les premiers gamins de la ville. Que serait-ce encore, si j'ajoutais qu'au début de ces fêtes, à leur toute première origine, ce n'étaient pas même les rosses des maremmes qui luttaient, mais bien une bonne douzaine de buffles sauvages que l'on faisait venir de je ne sais où. Alors le spectacle devait être bien autrement curieux et émouvant.

Quoiqu'il en soit, le vainqueur, cheval et jokey, est conduit par son cortége, et la foule, à la Chiesa di Santa-Maria di Provenzano, où l'on remercie une Madone sous la protection de qui Sienne s'est placée de temps immémorial. Puis on le mène triomphalement à l'église de la contrada victorieuse, où cheval et cavalier entrent sans broncher. Là, le *palio*, étendart de soie blanche sur lequel est brodée l'Assomption de la Vierge, est présenté au vainqueur qui le dépose sur l'autel, comme hommage de sa victoire, et à la lumière de mille cierges, la multitude entonne d'une voix vibrante un *Te Deum* comme nulle part ailleurs des oreilles humaines n'en peuvent ouïr.

Enfin le cheval est ramené à son étable, où il trouve une litière royale d'une épaisseur telle, qu'il croit qu'on se trompe... et il résiste. Mais il n'est qu'au début de la surprise, car pour provende, on lui sert du pain, de bon pain blanc, et du vin donc, du vin de Chianti, ne vous déplaise. Laissons la bête à son savoureux repas, les Siennois à leurs joyeux transports et à leurs cris : *Viva la Contrada *** !* et achevons l'histoire de ce brave et généreux peuple.

Les Français et les Espagnols, sous Charles-Quint, qui sut profiter des dissentions intestines de la République, furent tour à tour maîtres de Sienne jusqu'au moment où Philippe II, roi d'Espagne, la rendit au grand-duc Cosme I de Médicis. Mais pour la soumettre, il dut en faire le siége, un siége, qui fut long, et la réduire par la famine. Ce drame s'accomplit en 1555. Alors nombre de Siennois s'expatrièrent pour n'avoir pas à pleurer sous la tyrannie de sa domination. De cent mille âmes... la population de Sienne fut réduite à six mille habitants, depuis ces jours malheureux. Dès-lors Sienne fit partie de la Toscane.

Les Siennois ne sont pas ingrats. Aussi nous trouvons chez eux un grand amour pour l'héroïne qui reçut le jour dans leur ville et fit rejaillir sur eux les rayons de sa gloire. Je veux parler de la fille d'un simple teinturier, *Ca-therine*. Entrée de bonne heure dans l'institution des Sœurs de Saint-Domi-ni.que, la jeune siennoise y eut des révélations qui lui donnèrent une célébrité universelle ; elle y composa des écrits mystiques d'une telle vertu, qu'ils furent bientôt dans toutes les mains. Douée d'une sainte énergie, la jeune vierge ne craignit pas de lutter dans le schisme qui éclata en 1378, à l'occasion de la concurrence d'Urbain VI et de Clément VII. Elle se déclara pour Urbain VI, le pape légitime. Puis, ce fut elle aussi qui exhorta Grégoire XI à retourner d'Avignon à Rome. Cette enfant du peuple avait du génie, car elle composa de nombreux écrits, et même des lettres et des poésies remarquables par l'élégance et la pureté du style. Après une vie édifiante et pure, elle mourut en 1380, exténuée par d'inexprimables austérités. Bientôt un édit des papes la mit au nombre des bienheureux, et, le 30 avril, on honore, à Sienne, et dans le monde entier, la fille du laborieux artisan, sous le nom glorieux de *Sainte Catherine de Sienne*.

Dans Sienne, comme dans beaucoup de villes du moyen-âge, on sent la guerre civile : on l'attend au coin des rues ; on croit la voir tonner des créneaux et des tours des nombreuses habitations massives qui ressemblent à des forteresses. Avec cela, si les montées et les descentes perpétuelles des rues ajoutent au pittoresque de la vieille cité, d'autre part, le soir, dans l'ombre, elles vous font craindre des embuscades de soudards, et les dangers de mêlées nocturnes. Heureusement, comme vous ne tardez pas à entendre chanter et rire, vous vous rassurez peu à peu. Et puis, comme vous ne rencontrez plus sur votre chemin le gonfalonier en pourpoint de velours noir, ni ses estafiers avec leurs halebardes, ni les varlets avec leurs épées, mais de bons bourgeois qui se saluent amicalement, la sérénité rentre tout à fait dans votre âme. C'est égal, dans les ténèbres de la nuit, ces énormes palais, ces tours, ces créneaux, ces poternes, ces noires façades d'édifices ont une portée belliqueuse qui a son charme... et ses terreurs.

Ajoutons que sur l'ancienne *Banda*, la Piazza del Campo actuelle, une colonne de granit porte la louve romaine allaitant deux enfants jumeaux, Rémus et Romulus. Ce sont les armes de Sienne, car Sienne se dit fondée par les fils de Rémus. Mais elle a une autre gloire qui vaut celle-là : c'est que dans les tourmentes du moyen-âge, elle ouvrait ses portes aux exilés de Rome et de Florence. Ainsi donna-t-elle asile à Dante, à Machiavel, et à bien d'autres.

Il n'est pas jusqu'au *Duomo* que l'on ne prît pour une citadelle, si elle n'était zébrée de tranches noires et blanches de très-beau marbre. Sa tour carrée, fort élancée, couronnée d'un campanile, est du plus étrange effet. Le portail, délicat et gracieux ouvrage, est orné de colonnes élégantes et fines sculptures. A l'intérieur, style gothique sévère et richesse d'ornementation. La voûte de la grande chapelle est peinte en bleu et semée d'étoiles d'or. Marbres verts et lapis-lazzuli composent son autel principal, et l'Ancien Testament est admirablement reproduit dans une foule de scènes sur le pavé en mosaïque. Le reste de l'église donne l'idée d'un musée, tant il y a d'objets d'art ; portraits, mosaïques, statues par *Donatello* et le chevalier *Bernin* ; fresques de *Pinturicchio*, élève du Pérugin, et, comme lui, né à Pérouse ; vitraux peints par *Pastorino* ; tableaux de *Duccio di Buoninsegna* ; chaire admirable et célèbre, ornée de beaux bas-reliefs et datant de 1226, par *Nicolas de Pise* ; bénitiers antiques ; candélabre décoré de figures mythologiques, de *J. della Quercia* ; enfin, et j'en omets, pilastres au-dessous de la coupole chargés des trophées de la bataille de Monte Aperto, sur l'Arbia, contre les Guelfes de Florence, en 1250.

Je ne vous parlerai pas des innombrables palais lourds, massifs, imposants, crénelés comme des châteaux-forts, des *signori del Magnifico*, *Piccolomino-Piccolomini*, *Pollini*, *Saracini*, *Tolomœi*, ni de la *Casa Mensini*, etc., etc.

Je me contenterai de vous signaler la *Citadelle de Côme I*, avec ses quinze tours carrées, comme le plus beau bijou de guerre qui puisse convaincre des citoyens vaincus et humiliés qu'ils doivent prendre le deuil de leur indépendance. Ainsi ont fait les Siennois. Aujourd'hui, leur bonne humeur sans fin les porte à rire de tout leur cœur au nez de leurs femmes, dont la bouche s'ouvre, à son tour, pour leur répondre par une bordée partie de trente-deux dents blanches comme la neige, l'albâtre, l'hermine, le lait, etc., tout ce qu'il y a de plus blanc.

Ayant dit, je vous embrasserai à droite, à gauche, et sur le front, puis, vous ayant embrassé, je crierai du fond de l'âme que, de loin comme de près, je me fais gloire de m'inscrire ici au titre du plus fidèle de vos amis.

VALMER.

LIMOGES. — IMPRIMERIE DE BARBOU FRÈRES.

www.ingramcontent.com/pod-product-compliance
Lightning Source LLC
Chambersburg PA
CBHW072118090426
42739CB00012B/3007